教師力
ステップアップ

新任**1**年目の**基本技**から
3年目以降の**応用技**まで
今の自分から
ステップアップ
できる!!

3年目教師 勝負の 体育授業づくり

一人ひとりの
「できた」を生み出す!
スキル&テクニック

垣内 幸太 編著
授業力&学級づくり研究会 著

明治図書

はじめに

　子どもたちから人気の高い体育。子どもたちと先生が運動場で，ともに汗を流している姿は微笑ましいものです。しかし，その授業をよく見てみると，
・好き勝手に動き，いつケガをしてもおかしくない……
・ただ楽しいだけで学ぶことがない……
・ルールが平気で破られ，揉め事の絶えない……
そんな残念な状況を目にすることがあります。

　毎年，各校で行われる研究授業。その授業は，国語や算数であることが多いのではないでしょうか。体育の授業がその対象にされる機会は，圧倒的に少ないのが現状です。6年間で国語，算数に次ぐ時間数を有する体育であるのにもかかわらず，体育授業の力量形成をする場は限られています。また，先生たちに「体育の授業は好き？」と尋ねても，「う～ん」といまいちな返事が返ってくることも少なくありません。
　この学ぶ場の不足や教師の苦手意識が，残念な状況へと導いている大きな原因であることは否定できません。

　がむしゃらにやってきたこれまでの数年間。もう一歩ステップアップしてみませんか。もし，体育の時間，もっと子どもたちの輝く顔が見られるならば，教師も体育の時間が楽しみになるはずです。そのためにはちょっとした秘訣があります。その秘訣を本書では余すことなく紹介します。

　本書が，「体育の時間が待ち遠しい！」と思える一助となり，教師という職責に立ち向かう全ての教師の幸せへとつながれば幸いです。

　　　　　　　　　　　　授業力＆学級づくり研究会　代表　垣内幸太

もくじ

はじめに 3

1章 体育指導
基礎基本のマストスキル10   8

① 学習指導要領 ……………………………………… 10
② 体育における学び ………………………………… 12
③ 授業イメージ（教材・教具・場）………………… 14
④ 授業マネジメント ………………………………… 16
⑤ 単元構成 …………………………………………… 18
⑥ 授業展開 …………………………………………… 20
⑦ 指導言（指示・説明・発問）……………………… 22
⑧ 観察 ………………………………………………… 24
⑨ 評定 ………………………………………………… 26
⑩ 安全面 ……………………………………………… 28

2章 体育指導
ステップアップの授業テクニック42   30

集団づくり編

① 学級開きで体操づくり!? ………………………… 32
② 学びを躍進させる目的別グループづくり！……… 34
③ 集団行動は軍隊的？いいえ体育のお作法です！… 36
④ 相互評価で互いを理解し合うクラスに …………… 38

❺ 教え合い，支え合いを巧妙に仕組む ……………………………… 40
❻ みんなでつくりあげる体育ならではの喜び！ …………………… 42

行事とコラボ編

❼ ブームを巻き起こす体育朝会！ …………………………………… 44
❽ "とにかく"授業からの脱却 ………………………………………… 46
❾ 参観日，体育の授業でポイントアップ！ ………………………… 48
❿ 運動会，団体演技は体育授業の延長線上に ……………………… 50
⓫ 学年体育を○○大会に！みんなの心をひとつにしよう！ ……… 52
⓬ つらいマラソン⇒楽しいマラソンに！ …………………………… 54

他教科コラボ編

⓭ 〈国語〉物語の一場面を身体で表現しよう！ …………………… 56
⓮ 〈算数〉運動の様子を数字であらわそう！ ……………………… 58
⓯ 〈図工〉夢のコラボレーション！ ………………………………… 60
⓰ 〈外国語〉日本語禁止！
　　　　　英語とボディーランゲージで伝えよう「走り幅跳び」 … 62
⓱ 〈道徳〉体育と道徳のリンクで心と体を育もう ………………… 64
⓲ 体育だからこそできる異学年交流 ………………………………… 66

主体的な授業編

⓳ おいしいとこだけいいとこどり！「ズドンリレー」 …………… 68
⓴ みんなの願いをかなえる！「どっちもゴール！」 ……………… 70

㉑ 条件変化で課題を創出! ……………………………………… 72
㉒ 「できるようになりたい!」願いをかなえる技術保障 ……… 74
㉓ 得意を活かせ!「チーム10種競技」 ……………………… 76
㉔ 頭も使って学習参加!「フラッグフットボール」 ………… 78

対話的な授業編

㉕ 対話が生まれる長縄跳び「8&6」 ………………………… 80
㉖ みんなで泳げる!「ペアスイミング」 …………………… 82
㉗ 運動観察者も学びを深める「跳び箱」 …………………… 84
㉘ 採点制度で見る目を育てる「回転オリンピック」 ……… 86
㉙ ジグソー法で走り方追究! ………………………………… 88
㉚ 作戦ボードで対話を共有化,焦点化! …………………… 90

「できる」を生み出す授業編

㉛ 口伴奏で動きもばっちり!「平泳ぎ」 …………………… 92
㉜ 小さなゴールの積み重ね!「逆上がり」 ………………… 94
㉝ 学習の軌跡を残す学習カード「鉄棒運動」 ……………… 96
㉞ できるを生み出す場の工夫「マット運動」 ……………… 98
㉟ みんなエースシューターに!「ボール運動」 …………… 100
㊱ ねらいによって「できる」も変化!「ベースボール型ゲーム」 … 102

ICT 活用編

㉗ 「本日の MVP」を語り継ごう！ ……………………………… 104
㊳ 即時評価で，即時修正！「シンクロハードル」……………… 106
㊴ 後世に残る解説書をつくろう「デジタル教科書」…………… 108
㊵ 体育の宿題!? タブレットで予習学習 ………………………… 110
㊶ 運動会の予習は ICT を活用して ……………………………… 112
㊷ ウェアラブルカメラで思考力・判断力アップ ……………… 114

3章 体育指導 **知ってお得のマル秘グッズ10** ……… 116

❶ 笛，たいこ ……………………………………………………… 118
❷ 教師用かご ……………………………………………………… 119
❸ タブレット，アプリ …………………………………………… 120
❹ 黒板，ホワイトボード ………………………………………… 121
❺ 得点板 …………………………………………………………… 122
❻ ボール …………………………………………………………… 123
❼ 目印 ……………………………………………………………… 124
❽ 学習カード ……………………………………………………… 125
❾ 評価シート ……………………………………………………… 126
❿ 提案シート ……………………………………………………… 127

執筆者一覧　128

1章 体育指導

基礎基本のマストスキル10

　クラスの子どもたちは体育の時間を楽しみにしていますか？
　先生であるあなたは，体育の時間は待ち遠しいですか？

> 「あー，着替えさせるだけでも時間がかかるな」
> 「よくもめごとが起こるから嫌だなぁ」
> 「お手本なんてうまく見せられないし……」

　ひょっとしたら，そんな思いをもっている人もいるんじゃないでしょうか？

　できるようになったとき，わかるようになったとき，子どもたちは，とびきりの笑顔というプレゼントをくれます。体育ならではの喜びです。

子どもの情意面のみに頼った授業は長続きしません。教師が確固たる願いをもち，子どもたちを導く力をもつことが求められます。

　本章では，教師が体育の授業において，まずしっかりと身につけたい基礎基本をマストスキルとして紹介しています。

> 学習指導要領・体育における学び・授業イメージ・授業マネジメント・単元構成・授業展開・指導言・観察・評定・安全面

　こうして並べてみると，授業はたくさんの要素が組み合わさって成り立っています。何ができていて，何ができていないのか。教師である自分の得手不得手を知ることからスタートしましょう。

　さあ，これまでの実践を思い返しながら1章の扉を開きましょう。

1 学習指導要領

授業に役立つ学習指導要領の読み方

学習指導要領

> 体育や保健の見方・考え方を働かせ，課題を見付け，その解決に向けた学習過程を通して，心と体を一体として捉え，生涯にわたって心身の健康を保持増進し豊かなスポーツライフを実現するための資質・能力を次のとおり育成することを目指す。
> (1) その特性に応じた各種の運動の行い方及び身近な生活における健康・安全について理解するとともに，基本的な動きや技能を身に付けるようにする。
> (2) 運動や健康についての自己の課題を見付け，その解決に向けて思考し判断するとともに，他者に伝える力を養う。
> (3) 運動に親しむとともに健康の保持増進と体力の向上を目指し，楽しく明るい生活を営む態度を養う。
> 　　　　　　　　　　　　　　　　　　　（小学校学習指導要領解説　体育編より）

　平成29年7月，新しい学習指導要領解説が告示されました。上記の文は，体育科の目標です。また上記(1)は「知識及び技能」(2)は「思考力，判断力，表現力等」(3)は「学びに向かう力，人間性等」に関する目標です。
　つまり，体育の授業は全てここを目指さなくてはならないということです。
　生涯，心身の健康を保持増進？　豊かなスポーツライフを実現するための資質・能力の育成？　どんな授業をすれば，辿り着けるのでしょう。
　まずは，授業を行う前に，この学習指導要領を読んでみましょう。文部科学省のホームページに掲載されています。書店でも安価で手に入れることができます。特に教科書のない体育科では，この学習指導要領をしっかり読み込むことからスタートしましょう！

指導のポイント

●学習指導要領が示す目標は，全ての授業が目指すゴール

うまい使い方！

では，この学習指導要領解説はどこをどのように読めばいいのでしょう。次の3点を押さえましょう。

①内容・目標

まずは，授業のゴールの確認です。そもそもこの運動にはどんな楽しさがあるのかから始まり，「知識及び技能」「思考力，判断力，表現力等」「学びに向かう力，人間性等」それぞれの目標を確認します。動きだけではなく，安全面の配慮や意欲のもたせ方から学び方に至るまで，授業づくりのヒントとなることも満載です。評価の観点，基準にもつながります。

今の学年のところだけではなく，その前後もみることでつながりもみえてくることでしょう。

②例示

ゲームひとつを取り上げてもいろいろなゲームがあります。器械運動では様々な技も存在します。学習指導要領解説には，ゲームを構想する際のポイントや取り組むべき技が例示として示されています。また学習カードやICTの活用など課題解決のための活動方法も例示されています。これらの例示から，何をどのように学ばせるのかを検討します。

③配慮の例

どの学級にも，運動が苦手な子，運動に意欲的でない子がいることでしょう。授業において一番頭を悩ませるところです。そんな子どもたちへの配慮の例も示されています。

場やルール，課題設定，関わり方の工夫など多様な視点でその配慮は示されています。クラスの子どもを思い浮かべてあてはまることも多いのではないでしょうか。大いに活用しましょう。

2 体育における学び

ただできればいいからの脱却

「できる」のその先へ

> $\frac{3}{4}$ dL のペンキで板を $\frac{2}{5}$ ㎡ ぬれました。このペンキ1dLでは、板を何㎡ぬれますか。

　６年生の算数の問題です。どのように教えるでしょうか。「式は $\frac{2}{5}\div\frac{3}{4}$ です。計算の方法は、かける数をひっくり返してかけましょう」なんて教え方はしません。数直線に表して式にする意味を考えたり、割り算の式から既習の知識を用いたりして、解答を導き出させようとすることでしょう。

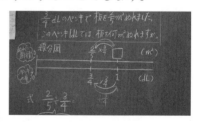

　それは、算数の目標が、ただ問題が解けるに留まらず、算数の楽しさやよさに気づき、進んで生活に活用しようとする態度を育てることまでをも志していることを知っているからです。だから、ただ解き方を教える、ただ繰り返し練習をするに留まらない授業を構成するのでしょう。

　では、体育の授業ではどうでしょう。「ただひっくり返してかけましょう」の授業になっていないでしょうか。体育科の究極の目標は、「生涯にわたって心身の健康を保持増進し豊かなスポーツライフを実現するための資質・能力を育成する」ことです。

　そのためには「ただできる」に留まった授業ではいけません。スポーツをする喜びや楽しさといった「価値」に気づき、主体的に身体を動かす「態度」に転換されていくことまでをも志向しなければいけません。

指導のポイント

- ●ただ「できる」　→　「できる」のその先『価値』『態度』

今の授業をひと工夫！

　では，授業において，どうすれば「できる」に留まらず，態度や価値の獲得にまで到達できるのでしょうか。授業を少しだけ変えてみましょう。

☆授業　BEFORE AFTER！

①事例1　体つくり運動

BEFORE	AFTER
①Aの動きを提示⇒みんなでチャレンジ ②Bの動きを提示⇒みんなでチャレンジ ③Cの動きを提示⇒みんなでチャレンジ	①用いる道具，課題の提示 ②チャレンジしたい課題の選択 ③みんなでチャレンジ

②事例2　跳び箱（台上前転）

BEFORE	AFTER
①技のポイントを解説 ②局面で分けた様々な場で練習 ③台上前転の練習	①技の完成を動画で見る ②ポイントを話し合う ③練習の方法や場を選択する ④台上前転の練習

③事例3　リレー走

BEFORE	AFTER
①バトンの渡し方の提示 ②チームに分かれて練習 ③記録会	①いろいろなバトンの渡し方の研究 ②いろいろなコースで試してみる ③記録会

　「この時間中に全員をできるようにしなくては！」という過度のプレッシャーによって授業をつまらないものにしてはいませんか？　スタート地点も歩む速度も違うたくさんの子どもたちです。全員が同じ方法で，同じところまで辿り着くことはありません。一人ひとりに応じた「できた」をたくさん生み出す授業にシフトしてみませんか？

3 授業イメージ（教材・教具・場）

ゴールに近づくための入念な仕掛け

授業イメージを具現化するために

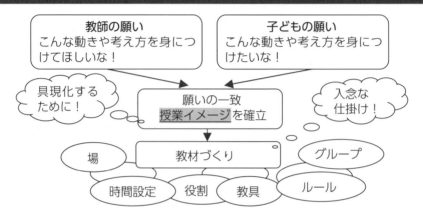

　授業づくりを始めるとき，「子どもたちにこんな力をつけたい！」「こんなことをできるようにしたい！」といった願いを教師はもちます。忘れてならないのは，目の前の子どもたちも授業への願いをもっているということです。この2つの願いを一致させる授業をイメージしなくてはいけません。

　イメージとは，目の前の子どもたちが，授業においてどんな動きをするかのみならず，どんな思考をするのか，どんな感情をもつのかに至るまでを想像することです。以前うまくいったけど，今回はうまくいかないということが起こるのは，子どもたちが異なるので当然のことなのです。

　そのイメージをもとに，願いを具現化するための「仕掛け」を場や教具，グループ分けなどに準備できるかどうかが鍵となります。

指導のポイント

●授業準備の鍵！　目の前の子どもと教師の願いを元にした『授業イメージ』

「仕掛け」3つのコツ

「みんなで仲よくバスケットボールしましょう！」では，何が学習のゴールなのかイメージできません。教師がイメージしたゴールと子どもがもつゴールを一致させるためには，教師の入念な「仕掛け」が必要となります。

☆3つのコツ！

①わかりやすさ

あれこれ考えているうちにどんどん教材が複雑になってしまうということはよくあることです。教師の頭では，筋がしっかり通っている，しかし，子どもたちの頭は混乱……では困ります。「シンプルイズベスト」です！

②納得

教師の願いばかりを押しつけ，子どもの願いや思いを軽視していたのでは，学習への意欲は長続きしません。両者の願いのずれが起こりやすいのは次のようなときです。

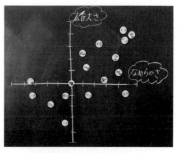

仕掛け例
台上前転の授業。いまの自分の習得度を表に貼ることで，課題を把握します。

・課題が子どもたちの力に対して簡単すぎる。難しすぎる。
・グループ（チーム）間が均等ではない。
・思考場面が長い。先生の話が長い。　　　　など

ずれを埋め，みんなが納得できるために「仕掛け」をつくっていきます。

③壁

ゴールに向かうときに立ちふさがりそうな壁，つまり子どもたちが悩む，できずに苦労するといったところを予想しておきます。また，あえてその壁を仕掛けておくことが，学習をより深めることにつながります。

1章　体育指導　基礎基本のマストスキル10

4 授業マネジメント

予定調和からは生まれないマネジメント

体育におけるマネジメント

　マネジメントとはリスク管理をしながら，目標（イメージ）に向かって効果的に進めていくための手法です。「授業の前」のマネジメントと「授業の中」のマネジメントに分けることができます。

　「授業の前」のマネジメントを構想する際には，「人・もの・こと」に分けて考えると整理しやすくなります。

人	子どもたち（教師）は，どのように動くのが効率的であるか
もの	どんな教具（ボールやマット，かご，学習カードなど）がどれくらい必要か
こと	45分の授業でどんなことを行い，何を学ばせるのか

☆授業前マネジメント　チェックリスト

□	単元計画（時間数など）	□	集合場所の設定
□	動き・思考の変化の想定	□	子どもの動線
□	場の設定	□	教具の置き場所
□	教具の準備・数確認	□	グループ分け
□	安全確認（危険リスク）	□	役割分担
□	指導言整理（指示・説明・発問）	□	配慮児童の確認

　しかし，実際の授業では「人・もの・こと」は全て予定調和とはいきません。思った以上に技能習得が難しかった，すごく暑かった，欠席者がいた，ケンカが起こった……。ちょっとした理由で様相は大きく変化します。そこでもう一つのマネジメント，「授業の中」のマネジメントが必要となります。

指導のポイント

●2つのマネジメント！　授業の前のマネジメントと授業の中のマネジメント

授業の中のマネジメント

　授業を進めていると，想定通りにいかないことが起こります。そのときどきの判断が求められ，教師一人ひとりの力量が大きく作用してきます。この力を身につけることは，教師としてワンステップすることと言えるでしょう。

①判断するポイント

　次の3つのポイントを目，耳，心で感じ取りながら，授業の中のマネジメントを発動します。

安全面	課題の適合性	興味関心
安全が保障できない場合にはすぐにマネジメントを発動します。 ※場，教具，人数など	課題と子どもたちの実態が適合していないときはマネジメントを発動します。 ※難易度，道筋など	子どもたちが意欲的に学習に取り組めていない場合はマネジメントを発動します。 ※表情，言動など

②マネジメント方法

　ストップ！

　危険な状況を察知した，課題があきらかに合っていない，子どもたちの意欲を全く感じないといったときは，ストップさせるのもマネジメントの1つです。ストップした上で，次なる一手を打ちましょう。

　チェンジ

　課題の難易度を変える。場の設定や教具など学習方法に変更を加える。グループのメンバーを変更する。なんらかのチェンジを加えることで，よりよい方向に導きます。

　ペースアップ（ダウン）

　時間を調整したり，助言を加えたりすることで，今行っていることを加速させます。逆に，少し立ち止まって考えさせることもあるかもしれません。子どもの状況に応じて学びのペースを変更します。

5 単元構成

学習効果のあがる単元構成に！

単元構成の要素

　単元とは，1つの目的に向かうための学習活動のひとまとまりです。どれぐらいの時間をかけ，どんな方法，順序で授業を進めていくのかなど，単元を構成していくことは教師の大きな役割です。他教科と違い，教科書のない体育ではその裁量も大きくなります。

　「単元を計画する際，最も大切にしなくてはいけないことは何でしょう」と聞かれたら何と答えますか？

　「教材を工夫すること」「学習効果のあがる教具を準備すること」「発問をしっかり練ること」……。子どもたちの力を伸ばすには，教材，教具，発問などいろいろな要素があるでしょう。しかし，もっとも大切な要素は，子どもたち自身が力を伸ばしたいと思うことです。この前提なしには，最大の効果は望めません。

　p.14で述べた教師と子どもの願いの一致から導き出された授業イメージを元に，子どもたち自身が「できるようになりたい！」「わかるようになりたい！」「仲間とともに頑張りたい！」と思える単元構成を行いましょう。

　限りある時間の中で，私たちは目の前の子どもたちにとってより効果が発揮される選択をしなければなりません。

☆単元構成のポイント

- 学習履歴の把握
- 時間配分
- ゴールイメージの設定
- 評価基準
- 教材配列

指導のポイント

●現状からのスタート！　目的・目標に応じた単元構成を

単元構成の方法

　同じ学年の同じ領域（種目）の学習であっても，その単元構成の形はひとつではありません。子どもたちの実態やその目的に応じて選択しましょう。代表的な単元構成例を紹介します。

①ユニット型（例　バスケットボール）

ユニット1	ユニット2
ゲーム① 3 VS 2のゲーム	ゲーム② 3 VS 3のゲーム

　単元をいくつかに区切ります。ユニットごとに新しい技に取り組んだり，ゲームのルールを少し変更したりします。ひとつのことに対してまとまった時間を取って取り組むことができます。

②スパイラル型（例　跳び箱）

ねらい1
台上前転　　　　　　　　　　　　　　　ねらい2 　　　　　　　　　　　大きな台上前転・首跳ね跳び

　1時間の中で，ねらいを分けて学習に取り組みます。時間が経つにつれて，発展したねらいに取り組む時間が増えていくことが特徴です。

③フリー型（例　表現運動）

　単元や1時間を前後半で区切るのではなく，大きなひとまとまりとして学習を進めます。課題設定の段階で，先の見通しがもてるようにしておくことが重要となります。

6 授業展開

45分をどう分ける？　どう進める？

基本の型

　小学校の場合，ほとんどが45分をひと単位として授業が行われます。学習内容に向かって進んでいくためには，この45分をいかに効果的に使うかが求められます。授業を大きく分けると，「はじめ」「なか」「おわり」の3つに分けることができます。「導入」「展開」「終末」などと言うこともあります。まずは，この基本の型をしっかり押さえましょう。

> はじめ…準備運動，めあての確認など
> 　本時の学習内容をつかみ，ゴールに向かう準備をする時間です。
> 　ここでは，「さぁ，頑張るぞ！」「こうすればできそうだな」と心と体の準備を行います。また前回の課題を想起させたり，学習の流れを視覚化したりするなどして，45分の見通しをもたせましょう。

> なか…主運動，気づきの交流など
> 　ゲームをしたり，試技を繰り返したり，みんなでひとつの演技をつくったりします。学習のゴールに向かって，仲間と交流をしながら，課題解決に向かう時間です。もっとも多くの時間を費やす場面です。

> おわり…まとめ，振り返り，新たな課題の発見など
> 　「はじめ」でもった見通しに対して振り返りを行います。身体活動を通して得たことを言語化して互いに伝えあう時間です。各々の主観を全体で客観にする時間とも言えます。同時に次時につながる新たな課題を発見する時間とします。

指導のポイント

● まずは授業の基本！「はじめ」⇒「なか」⇒「おわり」

型にとらわれず

　左ページと矛盾するようなタイトルです。しかし，目の前の子どもたちは一様ではありません。人数や男女比率も違えば，学習履歴も様々です。必ずしも基本の型通りに事が進むとは限りません。基本の型は押さえながら，必ずしも縛られることなく，柔軟に45分を構想しましょう。

〈授業展開例〉
①個別学習型

　代表的なものにジグソー法（p.88，2章㉙）などがあります。全体並びにグループで課題を共有した後，個別での課題解決活動を行います。最後は，互いの気づきや成果を交流することで，学びを深めていきます。

②複数時間型

1時間目	2時間目
はじめ　　　　　　　なか　　　　　　　　　　　おわり	

　45分では，課題解決が難しいと思われるとき，思い切って複数時間をひとまとまりとします。じっくり活動に取り組むことができます。課題と時間がマッチする設定にすることが大切です。

③2単元同時進行型

前半　はじめ　なか　おわり 活動①　例　鉄棒	後半　はじめ　なか　おわり 活動②　例　リレー

　45分を前半・後半に分け，2つの異なる活動を行います。1つの活動の時間が短いので，集中して行えます。集中力が持続しにくい低学年などで特に有効です。

7 指導言（指示・説明・発問）

授業を生かすも殺すも教師の言葉次第

授業の核！　教師の言葉

指示する言葉，説明する言葉，発問する言葉，評価する言葉。教師が授業中に発する言葉により授業は進んでいきます。指導言や評価言と言われ，次のような役割を担っています（大西忠治，1991）。

> 指示…子どもの行動に働きかける言葉
> 発問…子どもの思考に働きかける言葉
> 説明…子どもの行動，思考を整理する言葉。授業の枠組みをつくる言葉
> 評価…子どもの活動を価値づける言葉。さらなる活動に導く言葉

これらの言葉はどのように使われているのでしょう。あるポートボールでの授業の一コマでみてみましょう。

> 「ゲームの準備をしましょう。ポートボール台を準備して，ボールを各チーム2個用意して，できたらチームごとにパスの練習をしましょう」（指示）
> 「今日は，3人VS3人でゲームをします。A対B，C対Dです。ドリブルはなしです。シュートが決まったら，ゴールマンは交代します。時間は1試合5分です」（説明）
> 「今日のめあては，どこからシュートすれば入りやすいかなということをチームで考えてみましょう」（発問）

よく耳にするような言葉が続いているのではないでしょうか。なんとなく発している言葉にも役割があります。目的に応じて使い分けることが大切です。しかし，上記の指導言はこれでいいのでしょうか……。

指導のポイント

●教師の言葉のもつ役割。指示・発問・説明・評価

授業を生かす指導言

「指示」「説明」「発問」少しのことを意識するだけでその効果はガラリと変わります。

①指示のコツ 〔ナンバリング〕

先ほどの指示，いくつの指示が一度にされているでしょうか。3つのことが指示されています。「一指示一行動」，よく言われることです。しかし，活動の場も広い体育では，多くの時間がかかってしまいます。そこで，ナンバリングを用いた「一指示複数行動」にしてみましょう。

「ゲームの準備をしましょう。3つのことを言いますね。1つ目，ポートボール台を準備する。2つ目，ボールを各チーム2個用意する。3つ目，できたらチームごとにパスの練習をする」こうするとすっきりしますね。

②説明のコツ 〔可視化〕

説明はどうしても長くなります。長くなると子どもたちは聞きません。できる限り無駄を削ぎ落し，洗練された言葉を用いて説明したいものです。また，説明の手助けとして可視化することは大変有効です。先ほどの説明では，ルールや対戦相手，1時間の流れは文字にしておきます。交代の説明は，図示や実際に動いて説明するとより伝わるものになるでしょう。

③発問のコツ 〔適時化〕

子どもたちに向けての発問。どれだけの子どもにとって向かうべきものになっているのでしょう。発問は，目標に向かうための道しるべです。子どもたちが向かいたくなる発問でなくてはいけません。前時のビデオを見せて発問する。子どもたち自身の言葉でつくる。挑戦的な言葉にする……。

「シュート成功率100％のとっておきの場所を見つけよう！」とするだけで子どもたちの意識は変わります。

8 観察

観察力～3つのみる目と伝える言葉～

見る・観る・看る

　子どもたちを授業のゴールに近づけるために，教師は目の前の子どもたちの事実を「みる」力をもたなくてはいけません。

　この「みる」には，いろいろな漢字をあてはめることができます。

> 見る…読んで字のごとく，色や形など目から感じること
> 観る…見るよりも中身をより深く，注意深くみること
> 看る…状況が悪くならないように世話をすること

といった意味が含まれます。他にも「診る」「視る」といった漢字もありますね。私たちは授業において，この3つの「みる」を使い分けられなくてはいけません。

☆見る
　常に子どもたちの様子から目を離さないこと。一挙手一投足を見逃さないこと。危険なことにもすぐ反応できるようにします。

☆観る
　よ～く観察すること。前回との変化，目標への到達具合を中心に子どもたちの言動を観ます。

☆看る
　運動がうまくいかなくて嫌になってしまったり，仲間とトラブルになってしまったりする子もいるでしょう。ケア，フォローします。

　同時に，この「みる」から感じたことを子どもたちに伝える言葉をもたなくてはいけません。

指導のポイント

● 「見る」「観る」「看る」3つの「みる」を使い分けて子どもの意欲向上に

「みる」コツ

① 「見る」コツ

　運動場，体育館，プール，広い空間で行われる体育。全体を見るためには，当然ながら見られる位置にいなくてはいけません。

　下は体育館です。どの位置が一番全体を見渡すことができるでしょう。

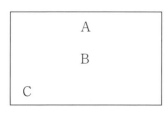

　Aは，全体が見渡せそうですね。しかし，人間の視野は180度もありません。手前の両端はどうしても死角となります。

　Bは，空間の中央。子どもたちから教師の姿は見える位置です。しかし，教師からは自らが動かない限り全体を見ることはできません。

　Cは一見すると隅っこで見にくそうです。しかし，視野は90度程度となり，一番全体を見渡すことができます。

② 「観る」コツ

　観点という言葉もあるように，「観る」視点を事前に設定して授業に臨むことが大切です。その際，大きく分けると2つの視点があります。

　ひとつは「動き」です。技のスモールステップやつまずきのポイントなどです。もうひとつは，「心の変化」です。個の意欲や悩み，各チームの雰囲気やトラブルの有無などの把握。

③ 「看る」コツ

　この「みる」は，事前に完全に準備することはできません。予定調和からは生まれないマネジメント（p.16，1章④）とも言えます。場面によって，相手によって異なる対応が求められます。子どもたちの心や体の様子を把握できていないといけません。「見る」「観る」が日頃よりしっかりできていないと「看る」こともできません。

9 評定

エビデンスのある評定，最後の決め手は教師の主観！

「評定」は誰のため

> 評価は「ある事物や人物について，その意義・価値を認めること」
> 評定は「一定の基準に従って価値・価格・等級などを決めること」

　評価と評定。よく混同して使われる言葉ですが，その意味は違います。「一定の基準があるのか」「決めるのか認めるのか」という２点です。学期末に出す成績表は，そこにAやB，◎や△などの判定を下すための一定の基準があります。これは評定です。一方，評価は目標に向けてどの程度その子が到達したのかを認めることです。授業における発言や行動に対する教師からの言葉，カード（ノート）への記述までその方法は様々です。

　さて，この評価・評定，誰のためのものでしょうか？

①子どものため
　言葉や文章で伝える評価。成績表で伝える評定。子どもたちが，明日から，来学期から，来年度からよりよくなっていくためのものです。

②保護者のため
　「こうすればいいよと教えてもらったよ」「すごいねってほめてもらえたよ」先生からの評価は子どもたちから保護者に伝わります。愛のある評価・評定は教師への信頼につながります。

③自分のため
　評価・評定は，自らの指導がどのように子どもたちに届いたのかを評価しているのです。もし３段階で最も低い評定をしたのならば，指導の何がいけなかったのか省みる機会となるのです。

指導のポイント

●評定は，子ども，保護者，そして自分のために

エビデンス＋教師の主観

「どうしてこの評定なのですか？」と子どもや保護者に尋ねられたら明確に返事ができるでしょうか。評定したことに対してのエビデンス（＝証拠，根拠）の重要性が学校現場でも論じられています。毎日忙しい教師の仕事。エビデンスを残すのは楽なことではありません。しかし，日々の授業で，次のことを意識するだけで大きく変わります。

①小さな目盛り（ライン）
　小さなラインとは，評定に用いる目盛り（ライン）の間に，より細かい目盛り（ライン）を入れるイメージです。AとB，BとCの間にある子どもの姿をたくさん思い描いておくことです。それぞれの子どもが，今どこにいて，何につまずいたり，悩んでいたりするのかを把握するための目盛りです。授業では，その目盛りを元に子どもたちに声をかけることができるでしょう。評定の際にはチェック項目ともなるでしょう。技能のみならず態度面や思考面においても同様です。

②記録
　人間の記憶は曖昧なものです。メモを残すようにしましょう。簡単なものでいいので，決まったシートがあると書きやすいですね。（p.126，3章⑨参照）その場で気づいたことをほんの一言残すだけで十分です。それも難しいときは，動画などに動きや子どもの言葉を残して，後で確認するのもいいですね。

③主観
　全てが数値化できるものではありません。最たるものが子どもの心の中です。関心・意欲などの評定も数値で一概に計ることはできません。日頃より一番近くで見ている教師の判断に委ねられます。子どもをみる目，感じる心を磨き，自分の主観に自信をもって評価・評定しましょう。

10 安全面

ケガをしない体育授業のマネジメント

体育の授業ではケガがつきもの？

　体育の授業は，算数や国語の授業と違い身体活動を伴う学習であるため，ケガが起こることがあります。ケガが起きないように最大限，尽くすことは私たちの使命です。しかし，ケガをしないことばかりを考えすぎると消極的な授業になり，子どもたちが体育の楽しさを感じることができなくなる恐れもあります。そうなると，本末転倒です。子どもたちが体育の楽しさを存分に味わいながら，「ケガ0」を目指すことができる授業を教師は考えなければなりません。そこで，教師は「ケガ」が起こりそうな要因を事前に把握し，危険を除く対処をしていかなくてはなりません。

　ケガが起こらないための危険要因の把握として，

> ・子どもの今までの学びの蓄積を把握する。
> ・子どもの調子や体調を把握する。
> ・道具や用具の特徴や破損個所を把握する。
> ・運動の特性における危険個所を把握する。

の4つが挙げられます。事前に危険要因を把握することで未然にケガを防ぐことにつながります。

　しかし，各学校によって，各学級によってこの要因は異なることでしょう。授業前には，これまでの経験に頼ることなく，必ずこの危険要因を念入りに把握することを怠ってはいけません。

指導のポイント
- 「ケガ0」と「体育の楽しさ」を両立させる
- 事前にケガにつながる4つの危険要因の把握をする

4つの危険要因

①子どもの今までの学びの蓄積を把握する

　子どもの能力や体力に応じた指導計画になっているかを事前に把握します。また，これまで学んできたことを把握しておけば，系統性のある指導ができ，ケガが起きにくい状況をつくることができます。また，クラスのルールがどのよう設定されていたかを把握することで，ルールの修正程度で指導を終えることができます。

②子どもの調子や体調を把握する

　子どもたちの体力（疲労度）やテンションの高低を把握します。夏の暑い日では，疲労が溜まり注意が散漫になりがちです。場合によっては，休憩を入れながら，集中力が持続できる工夫が必要です。また，子どものテンションが高すぎると危険な行動をする可能性があります。子どもたちの様子を観てクールダウンさせてから授業に臨めるようにするなどの工夫も必要です。

③道具や用具の特徴や破損個所を把握する

　「バトンの端が欠けていて，バトンを渡したときにケガをした」や「跳び箱の布の部分が裂けていて，そこに指を詰めてケガをした」など大きなケガにつながることがあります。事前に使う道具や用具を把握することは重要です。また，その物の特徴を把握すること，道具や用具で起きやすいケガに応じて，危険を事前に知らせることも忘れてはいけません。

④運動の特性における危険個所を把握する

　体育では，6領域（保健を除く）の運動があります。それぞれの領域によって危険個所が違います。平成29年度のスポーツ振興センターの報告によると小学校の体育実施種目でケガが多かったのは，「跳び箱」と「バスケットボール」でした。起こりうるケガを教師がしっかりと把握することで，ケガの数は減ります。

2章 体育指導
ステップアップの授業テクニック42

　本章では，3年目の先生が先輩に悩んでいることを相談している場面から始まります。
　この悩み事，読んでいると「あるある！」とうなずきたくなるところもあるんじゃないでしょうか。

> ・体育の授業をどのように集団づくりに活かしていくのか
> ・体育的行事をうまく進めていくにはどうすればいいのか
> ・全ての子どもの「できる」をどうやって生み出していくのか

　どれも体育授業でよくある悩みです。具体的な例を挙げながら，その解決方法を提示しています。目の前の子どもたちの実態に合わせて，ご活用ください。

この章はどこから読んでも，明日の授業づくりに役立ちます。
　それでは，下のフローチャート図を進み，2章の扉を開きましょう。

```
子どもの頃体育は好きでしたか？
　A．すき！
　B．きらい…
```

→ A
--→ B

```
授業で大切にしていることは何ですか？
　A．とにかく楽しいこと！
　B．とにかくできるようになること！
```

```
今，伸ばしたい力は何ですか？
　A．授業力
　B．アドバイスする力
```

→ A
--→ B

```
あなたは明日の授業をつくるとき，何からしますか？
　A．指導書などを読むこと
　B．教具を探す，つくる
　C．子どもの実態を捉える
```

```
あなたの授業はどのタイプ？
　A．はじめに盛り上がる
　B．中盤以降に盛り上がる
　C．全然盛り上がらない…
```

```
もし教育実習の先生をもったら，伝えたいことはどれ？
　A．授業理論
　B．子どもの実態の捉え方
　C．体育の役割
```

→ A
--→ B
……→ C

```
体育授業づくりの大きな柱をものにしたいあなたは…
1章へ
```

```
子どもの姿をしっかり捉え授業づくりをしたいあなたは…
2章1～6or25～30へ
```

```
「できる」をたくさん生み出す授業を目指したいあなたは…
2章31～42へ
```

```
体育を学級経営に活かしたいあなたは…
2章1～24へ
```

```
子どもたちの学びを加速させる教具を活用したいあなたは…3章へ
```

1 学級開きで体操づくり!?

3年目教師

私，体育が好きなので，4月は体育の授業で学級に勢いをつけたいなぁなんて思っているのですが……。

子どもたちも体育が大好きだからね。4月の学級開きに体育を活用するのはとてもいいと思うよ！

先輩教師

3年目教師

でも，みんなが体育好きってわけでもないですし，どんなことがいいですか。

みんなで何かを成し遂げたり，つくりあげたりする活動はいいよ！

先輩教師

◆オリジナル体操づくりで学級に勢いを

　4月。新しい先生，新しい友達，新しい環境に緊張が続く時期。教室を抜け出し，広い体育館や運動場で行う体育の授業は多くの子どもが楽しみにしていることでしょう。体育の授業がおもしろければ，心身ともに解放され，緊張からも解放されるはずです。

　4月の体育授業で大切にしたいことは，"失敗がない" "みんなが楽しめる"という2点です。4月に"できない" "楽しくない"を味わわせてしまうと，体育嫌いになりかねません。"できた" "楽しかった"をたくさん味わわせ，体育の授業を楽しみだと思える子どもたちにしていきましょう。

　「ただただおもしろい○○学級体操をつくろう！」「ただただおもしろいなわとびの跳び方を編み出そう！」などの課題は答えがないので，子どもたちは失敗を恐れず，楽しみながら取り組みます。また，1人ではなく"仲間と一緒に"取り組むことで，学級の仲も随分と深まることでしょう。

実践例「○○学級体操をつくろう！」

導入	課題共有	自分たちのオリジナル体操をつくろう！

「こんな体操があったらおもしろいんじゃない？」
「いいねぇ～！」

①上肢系グループ，②下肢系グループ，③ジャンプ系グループ，④寝転ぶ系グループの４つに分かれる。

展開	活動①	それぞれのグループでそれぞれの体操を考える

　　　　上肢系　　　　　下肢系　　　　ジャンプ系　　　寝転ぶ系

まとめ	活動②	それぞれのグループの発表，全員で共有

「こんな感じに笑顔で跳ねながら，手を……」

ポイント
全てを合わせて，○年○組体操として，毎時間行っていく。

授業力アップのポイント

● 失敗がない！みんなが楽しめる！活動で１年をスタートしよう

2 学びを躍進させる目的別グループづくり！

3年目教師

先日の体育授業で、チーム内での内輪もめがありまして……授業どころじゃなくなっちゃったんですよ。

体育の授業って記録や勝敗の要素が絡んでくると、感情的になってしまう子どもが出てきてしまうこともあるよね。

先輩教師

3年目教師

グループ編成が体育の授業に大きな影響を及ぼすことがよくわかりました。

領域や学習内容によって、グループ編成の方法もいろいろあるんだよ。

先輩教師

◆ 目的に合った適切なグループ分けを！

　体育の授業ではグループ編成が非常に重要になってきます。理由は3つ。

　1つ目は、上の教師の会話にもあるように"勝敗"や"記録"の要素が伴う体育の授業は、子どもが感情をコントロールすることが難しくなり、グループ内でのもめ事が多くなるため。

　2つ目は、広い体育館や運動場では、教師が常に管理・指導することは難しく、教師が十分にみることができないグループでの活動が多くなるため。

　3つ目は、器械運動などの授業では子どもによって技能習得にかかる時間が異なり、いわゆる運動のできる子とできない子が混在した場合、グループとしての課題や着地点が共有しづらくなるため。

　行う活動によってグループ編成を選択しましょう。どのような領域ではどのようなグループ分けがよいのでしょうか。領域別のグループ編成の方法を整理してみます。

体育授業におけるグループ編成の方法

①生活班型（おすすめ領域：体つくり運動）

学年はじめ，学期はじめ。子どもたち同士をつなげたいときには生活班を活用しましょう。教室で，体育館で，運動場で長い時間をともに過ごすことで，互いの絆が深まること間違いなし！

②均等型（おすすめ領域：ボール運動・陸上運動）

チームによる「勝負」や「記録」が関わる場合は力を揃えた均等型がよいでしょう。運動能力だけでなく，リーダー性や個性も踏まえて編成しましょう。

③力量差型（おすすめ領域：水泳・器械運動）

習熟度による差，能力差が明らかに表れる領域の授業は"力量差"によるグループ分けがおすすめ。グループに合った課題を設定し，学習を進めていきましょう。

④目的別型（おすすめ領域：表現）

「私は，縄を使って〇〇を表現したい」など，目指すべきところが同じ子どもたちを1つのグループにすることで，学びが深まることでしょう。

授業力アップのポイント

● 領域や学習内容に合わせてグループ編成の方法を選択しよう

3 集団行動は軍隊的？
いいえ体育のお作法です！

3年目教師

4月は2列・4列隊形や行進の練習など，いわゆる集団行動の指導が多くて子どもたちもつまらなさそうなんですよね。

そうね。一方的な指導になってしまうと，子どももただやらされているだけになってしまって意欲が減退してしまうよね。

先輩教師

3年目教師

どんな工夫をして集団行動を指導されているのですか？

指導に少しの"ゲーム"や"笑い"の要素を加えてみてはどうかな。

先輩教師

軍隊的，一方的な集団行動の指導からの脱却!?

　集団行動に取り組む必要性って何だと思いますか？　教室には机といすが並べられています。黒板が当たり前のように子どもと正対した位置に設置されています。子どもはいすに座れば，授業時の自分の場所となるわけです。

　では，机やいすのない運動場や体育館では子どもはどこに座ればよいのでしょうか？　集団行動で整列や隊形の指導をしなければ，子どもはどこにどのようにいてよいかわからず，右往左往し，とんでもない状況になることでしょう。集団としての行動を敏速かつ的確に行うことは，緊急事態の際の安全につながることはもちろんですが，体育の授業マネジメントにも一役買っているのです。

　集団行動の指導が大切であることはお解りいただけたでしょうが，一方的で，いわゆる軍隊的な指導になってしまっては，子どもの主体的な学びにはつながりません。指導の際には"ゲーム"や"笑い"の要素を取り入れ，楽しさを味わわせながら指導していくことを心がけましょう。

集団行動ゲーム

①前「へ」ならえ！　前「に」ならえ！ゲーム

前へならえ

前にならえⅠ

前にならえⅡ

「へ」は方向づけを示す助詞，「に」は位置を示す助詞です。一文字変わるだけでご覧のように変わります。ときには「に」で笑顔の場面をつくるのもいいですね。

②みんなで隊形ゲーム！

集団で目を回す

フラフラしながら4列

1列，2列，4列隊形を覚えたら，「○秒後にジャングルジムの前で2列隊形！」「その場で10回回って，フラフラしながら4列隊形！」などの指示で，楽しく隊形を定着させましょう。

③行進ファッションショー

ビューティー部門

かっこいい部門

コミカル部門

「揃える」「前へ進む」だけが条件。後は何をやってもOK！　ビューティー部門，かっこいい部門，コミカル部門など様々な部門のナンバー1行進を目指します！

授業力アップのポイント
- 集団行動は体育マネジメントを助ける大切なツール
- 集団行動は"ゲーム""笑い"の要素を含め，楽しく学習

4 相互評価で互いを理解し合うクラスに

3年目教師: 体育の授業で子どもたちを評価しようにも、見なければならない範囲が広くて難しいです。

先輩教師: 体育の授業は空間が広いだけでなく、活動する場所も時間によって変わるからね。

3年目教師: 何かよい方法はないでしょうか？

先輩教師: 自分ひとりで全てを評価するのは無理な話。教師だけでなく子どもたちにも評価者になってもらうといいよ！

評価は子どもも一緒に！?

　体育の活動場所は広い空間。その上、動いている子どもたち一人ひとりを評価していくことは至難の業。教師一人にできることは、限界があります。一人の教師でなく、30人の教師が授業の中にいたとしたら、評価することができると思いませんか？　つまりは子どもたちが互いに評価できる仕組みを構築すればよいのです。評価と聞くと、姿・姿勢に点数をつけることだとお思いの先生もいらっしゃるかもしれませんが、評価とは

　　ある事物や人物について、その意義・価値を認めること。

のことであり、取り組んでいる姿の価値づけも評価の1つなのです。評価は学習者の姿を認め、次への意欲を高めるものでなくてはいけません。

　相互評価の方法を、①応援型、②審査型、③指導型、④支援型の4つに分けてみてみましょう。

相互評価の方法例

①ボール運動におススメ！　応援型！

子どもの応援の言葉に耳を傾けてみると、「○○さんナイス！　今のプレーとってもよかったよ」と友達のプレーに対し、きちんと価値づけできている場合がほとんどです。子どもが夢中になる場を設定することで、評価の場も同時に設定されます。

②技能習得系領域（器械運動）におススメ！　審査型！

「友達の技を審査しよう！」と言うと、子どもは真剣にかつ喜んで審査します。自分が担当したポイントが○か×かを示し、理由も伝えます。「おしい！　もう少しここを……」「すごい上手だったよ！」というその理由を話すことが、同時に演技への評価となります。

③あこがれの技習得におススメ！　指導型！

倒立や台上前転、逆上がりなどは子どもにとってあこがれの技。それだけ難しさも伴います。1人ですぐにできない子には補助が有効な手段です。補助の子どもの「もう少しで、できそうだよ！」「前よりも、支えるのが楽になってきたよ」などの言葉がけが、取り組んでいる子どもへの評価となります。

④動きの速い陸上系におススメ！　支援型！

ICT機器と体育学習はもはや切っても切れない関係です。特に動きが速く、見取ることが難しい陸上運動やボール運動では大活躍です。映像をもとに、「ここがもう少しこうなると……」や「ここがかっこいいね！」などの撮影者の助言や言葉がそのまま試技者への評価となります。

授業力アップのポイント
- 1人の評価者より30人の評価者で適切な評価を
- 評価は学習者の姿を認め、意欲を高める視点を大切に

5 教え合い，支え合いを巧妙に仕組む

3年目教師

体育ってみんな一人ひとりが夢中になってしまって，教え合う姿や支え合う姿ってなかなか見られないんですよ。

そうだね。特に陸上運動や器械運動領域の授業は1人で黙々と……といった感じになってしまうよね。

先輩教師

3年目教師

そうなんです！　できる子とできない子の意欲の差がますます広がってしまいます。何かよい方法ってありますか？

"チーム"の視点を必ず授業に取り入れるように心がけてみてはどうかな。

先輩教師

「〜しなさい」ではなく「〜したい」へ

　運動の苦手な子どもにとって1人で取り組む時間ほど不安なものはありません。仲間からの「こうするといいよ」のアドバイスや「頑張れ！」などの励ましの声は何ともうれしいものです。

　しかし，アドバイスや励ましの声は，チームで取り組むことの多いボール運動ではたくさん聞くことができますが，器械運動や陸上運動などの"技能習得系"の領域では，自分のことで手一杯になりがちで，他者への関心は薄らいでしまいます。教師が「この点について話し合いなさい」と言うから話すけれども，"やらされている活動"に盛り上がることはありません。

　「〜し合いたい」という必要感を子どもたちに抱かせることが大切です。つまり，「話し合いたい」「教え合いたい」「支え合いたい」……。授業の中で，子どもたち自身に「〜し合いたい」と思わせるにはどんな要素が必要なのでしょうか。

「～し合いたい」を生み出す４つの要素

要素①勝敗

ゲームやボール運動領域では勝敗を楽しむことも学習の１つです。

勝つためには，自分の技能だけが高まっても仕方ありません。チームとしての戦術や技能向上が大切になってきます。必然的に周りに目を向け，助言や声援を送る姿が見られるようになります。

要素②チーム意識

自分のことで手一杯になりがちな陸上運動。チームとして取り組ませることを意識してみましょう。評価も個人記録ではなく，チームとしての記録とすれば，関わりや話し合いの場面が，子どもの必要感から設定されます。

要素③ICT機器

子どもはタブレットやビデオなどのICT機器が大好きです。手元にあれば，撮影したくなり，自身の映った映像・友達の映像を見ながら助言や賞賛，励ましの声があがります。各場に１つずつのICT機器が用意できるのならば，順番に撮り合うなどのルールの設定も必要となってきますね。

要素④みんなで一緒

右のように，みんなで同じことに取り組む。互いを励まし合いながら，アドバイスを送りながら全員での達成に向けて意欲的に取り組みます。

授業力アップのポイント

- 「し合う」ことで，子どもたちの不安を取り除こう
- ４つの要素で「～し合いたい」を生み出そう

6 みんなでつくりあげる体育ならではの喜び！

3年目教師

この前，走り高跳びの授業で，全然飛べなかった子が飛ぶことができたんですよ！ クラスみんな自分事のように大喜びしていました。

体育のいいところだよね。他の教科と違って，学級の"一体感"みたいなものがつくり出せるのは。

先輩教師

3年目教師

運動会の団体演技なんていうのは，"一体感"の極み！

体育では，行事に限らず，日々の授業でもみんなで"一体"となって取り組めることがあるよね！

先輩教師

授業で，行事で……一体感をもたらす体育科学習

　集団づくり，学級づくりにおいて，みんなで何かに向かって進んでいく"一体感"は，よい学級の1つの大きな要素です。体育ほどその"一体感"を感じさせることのできる教科はありません。わかりやすい，見えやすいところで言うならば，運動会の団体演技。学年全体で1つのことを表現する過程は子どもたちを大きな一体感で包みこみます。

　行事だけではありません。日々の授業でも，準備物の多い体育科は全員で準備をし，全員で片付けをしなければ授業が成り立ちません。重たいものを運ぶ際は，まさに一体とならなければいけません。また，全員が動きを揃えることの心地よさや難しさを味わわせたり，ゲームを通して互いの健闘を称え合ったりする場面もあるでしょう。体育科だからこそ味わえる"一体感"の喜びをたくさん味わわせるようにしましょう。

"一体感"はこんな場面で味わわせる

①日々の授業

準備はみんな一緒に！

喜びはハイタッチで！

支え合っての完成！

②教材（シンクロ○○）

お互いに声を出すと，息ピッタリ！

動きが揃うと気持ちいいね！

相手のことを考えないと動きは揃わないね！

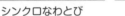

シンクロなわとび　　シンクロマット　　シンクロハードル

③団体演技

音を揃えるために……

本番。必ず成功できるように，力を合わせて頑張ろう！

　運動会の花形種目と言ってもいい団体演技。動きの一体感はもちろん，練習を通して築き上げた気持ちや想いの一体感が，学級・学年の絆をより強固なものにしてくれます。

授業力アップのポイント
- 体育ならではの"一体感"を学級づくりに
- 体育の時間に"一体感"を生み出す「仕掛け」を設定しよう

7 ブームを巻き起こす体育朝会！

3年目教師

体育朝会の運営って難しいんですよね。人数は多いし，時間は短いし……。何かいい取り組みありませんか。

先輩教師

そうだね。人数が多くて，その割に時間が短くて大変だよね。私は，「『おいしいところ』だけ見せ」を心がけて取り組んでいるよ。

3年目教師

おいしいところだけ!?

先輩教師

そう！　習得させる時間がないのなら「続きは休み時間やお家で頑張ってみて！」って。○○ブームが起きると大成功だね！

◆「人数が多い，時間がない」を逆手に取って！

　体育朝会といえば，"たくさんの人数・時間がない"が定番のイメージではないでしょうか。中には取り組む意義すら見出すことができない先生も。でも，"たくさんの人数・時間がない"といった2大マイナス要素を逆手に取ることで学校中に「ブーム」を巻き起こせる可能性もあるのです。

　映画の予告を想像してみてください。「これからなのに……」「この後どうなるの？」といった「観たい！」という欲求や興奮が湧いてくることでしょう。あれは時間が短いことや「おぉ」などの周りの感嘆の声によって生まれてくるのです。時間の短さと人の多さをうまく利用したものと言えるでしょう。

　体育朝会も同じです。なわとび朝会にせよ，ラジオ体操朝会にせよ短時間だからこそ子どもにとって「これから！」というところで終わるのです。休み時間，子どもたちが集まって，「できた！」の声と笑顔に，たくさんの子どもたちがモノマネをし始め……結果的にブームに！　そんな体育朝会にしてみませんか。

ブームを巻き起こす朝会例

【朝会の流れ】
趣旨説明 → 見本 → 実際にやってみる（5分）→ 次回までの課題の提示

見本が大事！　一目で"あこがれ"や"意欲"を湧かせるものにしましょう。やってみて、終わってもいいですが、「次回までにここにいる半分の子たちができていることを夢見て……」などの言葉を据えて終わると、子どものやる気に火をつけることができます。

①なわとび朝会

じゃんけんなら低学年の子たちも楽しめるね！
じゃんけん列車

8の字大会は盛り上がるね！
大縄

休み時間に一緒に練習しようね〜
短縄

②体操朝会

僕たちは「アキレス腱伸ばし」を提案します！

各学級の体操を組み合わせて○○学校体操の完成！
軽快な音楽に合わせると、なおいいでしょう！

各学級で1つずつ体操を考えてきたものをつなげて、○○学校体操づくり！

③ボール朝会

いろいろなところでつくと、おもしろいね！

「せーの！」で互いのボールを交換してみよう！

ドッジボールはやっぱり盛り上がるね！

授業力アップのポイント

● "たくさんの人数・時間がない"といった2要素を逆手に取って

8 "とにかく"授業からの脱却

3年目教師

水泳の授業ってついつい泳がせたくて教え込みになっちゃうんですよね。

先輩教師

「いけー！」「頑張れ！」と叫んでいるだけの授業もよくみるね。

3年目教師

そうなんです。水泳はしょうがないんですかね。

先輩教師

そんなことないよ。子どもたちが主体的に，仲間とともに活動する時間を水泳でも創出したいよね。

◆「とにかく」から「考え，見通し」

　動きの習得が学習の中心である体育。「とにかくできればいい」という思考に子どもも教師も陥りがちです。もちろん「できるようになる」ことは最大の目標です。しかし，その過程が「とにかく」やらせる，「とにかく」わからせるでは，たとえできたとしても，その運動の価値や喜びを感じることができるのでしょうか。水泳以外でも，器械運動や陸上運動など，個の動きが中心となる運動でも同じようなことが起こりがちです。

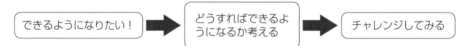

できるようになりたい！ → どうすればできるようになるか考える → チャレンジしてみる

　当たり前の流れのようですが，この一連の流れにおける真ん中，自らが考えること，見通しをもつことが軽視されがちです。考えてできたからこそ喜びが増します。見通してできたからこそおもしろさ（価値）がわかります。しっかりゴールを見据えて，イメージをもてる時間を大切にしましょう。

実践例「水泳大会を開こう」

　水泳の授業では、「〇〇m泳げるようなろう！」と目標が設定されがちです。そして、目標に向かい懸命に練習します。そんな「とにかく泳ぐ」の水泳の授業から脱却してみましょう。単元名「水泳大会を開こう」を紹介します。

①ゴールを設定する

　水泳学習が始まる前、まずは水泳大会を開くことを子どもたちに通知します。ただタイムや距離をはかる大会ではないことも合わせて伝えます。学年に応じて、どんな種目が適当かは相談しながら決めていきます。

例　低学年（揃えてカニさんレース、波を立てずに進むコンテストなど）
　　中学年（バタ足美しさコンテスト、ビート板足ばさみレースなど）
　　高学年（シンクロクロールコンテスト、美しい平泳ぎコンテスト、キックの回数制限平泳ぎなど）

②練習しよう

　ゴールが決まれば、日々の学習に進みます。先生の指示通りに動く練習ではなく、大会に向けて、自分が足りないところを選択して練習する時間や仲間と交流する時間を設けます。一日の学習の最後には、成果や次の時間への課題なども交流できるといいですね。

③大会を開こう

　クラスの旗をつくったり、賞状を用意したりと大いに大会を盛り上げましょう。笑顔いっぱいのしめくくりになるといいですね。

授業力アップのポイント

● 「とにかくできる・わかる」から見通しをもっての活動に
● ゴールを見据えて、イメージをもてる時間を確保

9 参観日，体育の授業でポイントアップ！

3年目教師

授業参観で何か気をつけないといけないことはありますか？

体育では，教室で行う座学と違って，全員が動き回るから学級の雰囲気が保護者に伝わりやすいよ。

先輩教師

3年目教師

どのような授業をすれば，保護者は安心されますか？

子どもたちが授業に熱中し，保護者も一緒になって応援できる授業展開になっているといいね。

先輩教師

親子で盛り上がる体育授業！

　教室の座学とは違い，心が開放的になる体育授業では，子どもが教師の指示を聞けないと保護者が不信感を抱くことがあります。授業参観をする前段階の授業から子どもが教師の話を聞ける雰囲気をつくっておきましょう。

　参観授業では，保護者がドキドキしながら，子どもたちの様子を観ることができる領域がいいでしょう。

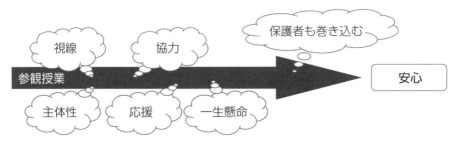

　参観授業では，子どもたちが目を輝かせながら，仲間と協力して雰囲気のよい授業ができていると保護者も安心し，信頼へとつながります。

実践例「サークルリレー」

リレーは，勝ち負けがはっきりしています。ハラハラドキドキしながら学習に取り組めるので，子どもたちは目を輝かせながら運動に向かいます。この一生懸命な姿をぜひ保護者の方に見てもらいましょう！

①サークルリレーとは

1周が約50mになるように直径16m円を2つ描きます。Aチームは左側の円を，Bチームは，右側の円を右の図のようにそれぞれ走

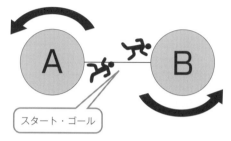

り，お互いのチームで競い合います。ゴールの位置が同じなので，観客もハラハラドキドキしながら観ることができます。

②授業の流れ

(1) 紙テープを使ってバトンパスの利得距離をつかむ（チームで利得距離をつかめるように話し合う場面をつくる）

(2) 兄弟チームでのサークルリレー（互いにアドバイスする場面をつくる）

(3) サークルリレーで競い合う（応援する）

しかし，勝ち負けがはっきりするあまり，ケンカやルール違反が起こることも事実です。そういったことが起こらないように授業計画をしっかり立てることも大切ですが，もし，ケンカが起こったときも，冷静に対処できれば保護者からの信頼もアップします。

授業力アップのポイント
- 子どもが一生懸命運動する姿を保護者に見てもらう
- 保護者も応援したくなるような授業展開を目指す

10 運動会,団体演技は体育授業の延長線上に

3年目教師

運動会の団体演技をつくるとき何に気をつければいいですか？

競い合うものではなく,みんなでつくりあげることを考えながら,団体演技をつくれるといいね。

先輩教師

3年目教師

子どもたちには,どのように指導していけばいいですか？

体育科のカリキュラムを構想し,授業で学んだ成果を行事で発揮できるようにできればいいよね。

先輩教師

◆ 習得→活用・探究！

　運動会の団体演技の指導は,春休みや夏休みに行われるダンス講習会に教師が出向いて,習得した内容を子どもたちに伝達して終わることが多いのではないでしょうか。このような伝達型の活動では,教わっている子どもたちが楽しさを味わえなかったり,ダンスが完成したということだけに喜びを感じたりして,主体的な学びにつながることが少ないのではないでしょうか。

　運動会に向けての取り組みにおいても,子どもたちが主体的に学ぶ姿をつくり出したいものです。単元を通して,演技を「習得」する時間のみならず,自分たちで演技を考えるといった「活用」「探究」の時間をつくってみましょう。「習得」では,動きの基礎基本となるステップなどを全員が獲得していきます。「活用」「探究」では,学級や小グループで話し合い,動きを組み合わせたり,創作したりします。子どもたちは,どのようなダンスにすればいいか考え,実際に動きながら試していく姿が見られるので,受動的な動きにならず,主体的に演技をつくりあげようとする姿が見られます。

実践例「リズムダンス」（運動会）

①選曲

ステップがしやすくて，流すだけでダンスし始めることができる馴染みのある曲を選びましょう。サビに当たるところは，全員で踊る共通演技にして，メロディーの部分は，グループ別やクラス別など創作演技に大別します。

②展開

単元の始めは，共通演技。ダンスの基本的な動きを学習します。しっかりと基本的な動きを押さえ，創作演技のときに活かすことができるように指導します。共通演技で扱うステップ以外のことも単元の始めに教えます。これは，創作演技のときに子どもたちが動きを選択できる材料にするためです。

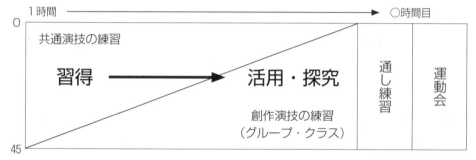

単元が進むにつれ，共通演技の練習から創作演技の練習の時間が増えます。共通演技の練習で習得したことを活かして，創作演技で活用できるようにします。

③活用・探究場面の工夫

・子ども同士でアドバイスタイムを設ける
・演技の中に，グループ演技タイムを入れる
・ビデオ撮影をして各クラスで反省を出し合う

授業力アップのポイント

● 教え込み運動会演技にならないこと
● 自ら演技を創作する楽しさを実感させること

11 学年体育を○○大会に！みんなの心をひとつにしよう！

3年目教師

週に一度ある学年体育。人数も多いし，場所もないし，盛り上がらないし……。どうすればいいんでしょう。

学年体育が設定されている学校は多いよね。何をしているの？

先輩教師

3年目教師

ただ運動をしているだけで，学習として成立できていません……。

よく見る光景だね。いつもの体育と同じようにしようとするのではなく，思い切ってこの人数だからできることをしてみたらどうだろう。

先輩教師

◆ イベント化

シーデントップが提唱したスポーツ教育モデルというものがあります(2003『新しい体育授業の創造―スポーツ教育の実践モデル』大修館書店)。スポーツの6つの特性を授業の中に取り入れようと試みたものです。学年体育にも，このスポーツ教育モデルを取り入れて，楽しい時間を創出してみてはいかがでしょうか。保護者の方に見にきてもらうのもいいですね！

シーズン制	チームへの所属	公式試合
長い単元で取り組む。学期や年間。	ひとつのチームに所属して役割や責任をもつ。	スケジュールを決め，試合や発表会をする。
イベント	**記録の保持**	**祭典性**
最後は盛大なイベントを企画する。	個人やチームの記録を残していく。	チームの旗や優勝カップなどで盛り上げる。

展開の方法

① チーム決め

　クラスを解体して，チームを組む。

スポーツテストの結果などを元に，極端な差がでないようなチーム分け！

② 役割分担

　チーム名を決めるとともに，キャプテン・副キャプテン・記録・準備・コーチなどの役割分担をする。

③ スケジュールを決める

　練習時間の設定，公式戦や経過発表会などスケジュールを決める。

④ シーズン開始

　スケジュールに沿って，練習や試合（発表会）などを行う。

コーチ中心に練習メニューを考えたり，試合のときは記録を残していく。

⑤ ○○小カップ大会を開く

　まとめの大会（発表会）を開く。

開会式での選手宣誓，大会後の表彰式などで大会を盛り上げます！

授業力アップのポイント

● 長期的な視野で，単元計画を立てよう
● イベント化することで学年体育を盛り上げよう

12 つらいマラソン ⇒ 楽しいマラソンに！

3年目教師

これから持久走の授業をするんですけど，子どもたちが嫌がっていて……。何かいい方法ないですかね。

持久走に限らず，子どもにあまり人気のない運動をするときって嫌だよね。

先輩教師

3年目教師

そうなんです。でも，決まっているからさせるしかないですよね。

もちろんそうなんだけど，少しの工夫を加えてつらくて楽しくない授業を変えてみようよ！

先輩教師

◆ つらさ，苦しさから得るものがある？

　今日の授業で何をするのか子どもたちは興味津々です。「今日は，リレーをするよ！」「ポートボールをするよ！」というと子どもたちから歓声があがります。しかし，なかには子どもたちから「え〜，嫌だな」「違うことしたい……」と言った声のあがるようなものもあります。一概に何が人気がないとは言えませんが，マラソンや鉄棒，水泳などが比較的不人気のようです。

　不人気なものに共通すること，「つらい」「しんどい」「おもしろくない」「難しい」といったところでしょうか。子どもたちにもそんなマイナスのイメージがあるから，きっと「嫌だな〜」という言葉につながるのでしょう。嫌々した結果に多くの成果は望めません。「つらい」「しんどい」を「楽しい」「おもしろい」にできれば最高ですよね。こんなことしていいのだろうかなんて思わずに，ひと工夫もふた工夫も加えてみましょう！

実践例「マラソン大会に向けて」

寒い時期になるとマラソン大会がある学校も多いのではないでしょうか。やる気満々の子がいる中,「さむい～」「しんどい～」「おもしろくない～」と前向きになれない子が多いのも事実です。そんな子どもたちが,少しでも前向きになれる取り組みの一端を紹介します。

①マラソンカードひと工夫

マラソンカードなどを利用する学校も多いことでしょう。グランドを1周回るたびに1つ丸をつけたり,色を塗ったりしていくことは子どもたちの励みになります。さらにご褒美をつけてしまいましょう。50周で「宿題忘れOK」,100周で「給食おかわり券」など。みんなが楽しくなる,かつほしくなるご褒美がいいですね。

②練習ひと工夫

ただ走るのでなく,楽しくなる工夫をしてみましょう。右の写真は給水所です。走りながら,飲むことは意外と難しいものです。子どもたちが走る距離では走りながら給水する必要はないのですが,設置するだけでたいへん盛り上がります。

③大会ひと工夫

放送担当をつくり実況中継を入れる。応援係が横断幕をつくる。走り終えたら月桂冠をかぶる。インタビューを行う。ワクワクすることをどんどん取り入れてみましょう!

授業力アップのポイント

●思い切った工夫で,「つらい」を「楽しい」に

国語
13 物語の一場面を身体で表現しよう！

3年目教師

国語の時間になると，自分の考えや思いを積極的に表現してくれない子が多いんです……。

体育のときにはあんなに張り切っている子もね。

先輩教師

3年目教師

そうなんですよ！　どうすれば授業でいきいきしてくれますかね。

教室で言葉や文字で表現することは難しくても，外で身体を介して表現するのはできる子もいるよね。体育とコラボレーションしてみたらどうかな？

先輩教師

心の「かべ」をとっぱらおう！

　「言語活動を通して，国語で正確に理解し適切に表現する」国語科の目標の一部分です。国語の場合，書いたり，話したりと言語で表現することが学習の中心となります。頭の中で思い浮かんでいることも，言語で表現しないといけないとなると，その心の「かべ」はぐんと高くなってしまう子もいます。

　一方体育科では，身体表現を介して表現することが多くなります。そのため，心の「かべ」が低く感じられる子も多くなります。しかし中には，それを「かべ」と感じてしまう子もいるでしょう。そんな互いの「かべ」をとっぱらうべく，体育と国語のコラボレーションを取り入れてみましょう！

　特に，体育科の表現運動領域は，「自己の心身を解き放してイメージやリズムの世界に没入してなりきって踊ること」ができる運動です。心身を解き放すことは，「かべ」をとっぱらうことです。表現運動の授業にはその方法がたくさんあります。ぜひ活用してみましょう。

体育と国語をつなぐ教材例

身体で表現することで、その情景や登場人物の心情に目を向けることにつながります。役割のお面や衣装などで雰囲気を出すのもいいですね

①2年生「スイミー」

いろいろな場面を1人で表現しよう！
・1人で逃げている場面。
・うんと考えている場面。
・みんなで大きな魚になっている場面。

②3年生「モチモチの木」

いろいろな場面をみんなで表現しよう！
・1人でせっちんにもいけない豆太の心を想像して表現する。
・医者様を呼びにかけている豆太の様子を表現する。
・灯がともる前と灯がともった後のモチモチの木を表現する。

③6年生「やまなし」

いろいろな場面を比較して表現しよう！
・5月と12月の情景や登場人物の心情を想像してグループ表現しよう。
・クラムボンの動きをグループで表現してみよう。

授業力アップのポイント

●言語的表現＋身体的表現でみんなの表現の「かべ」をとっぱらおう

算数

14 運動の様子を数字であらわそう！

3年目教師

学級の子どもたちは算数がつまらなそうで……体育のようにいきいきとした表情が見たいのに。

だったら体育を算数に取り入れてみたらいいんじゃない？

先輩教師

3年目教師

取り入れる!?　そんなことできますか？

体育でも数字を使うことは多いよね。教科を横断して学びを深めることは，これから大切にされる考え方だよ。

先輩教師

生きて働く知識だと思わせよう！

　子どもは納得できたものや具体的にイメージできることについては意欲的に取り組みます。算数に対して苦手意識をもっている多くの子どもは，今，勉強していることが一体何に役立つの？　どんなときに生かされるの？　と納得がいかなかったり，具体的なイメージがわかなかったりするから"やらされている"と感じ，"やらされている"ことだから楽しくないんですね。

　得点や記録，タイムなど体育は他の教科以上に数字を取り扱う教科です。算数での学習が体育の学習において必要となってきたらどうでしょう？　子どもたちは算数の勉強も頑張ろう！　と思うのではないでしょうか？

　しかし，ただ50m走の記録をストップウォッチで測る，得点板に得点を書き込むだけでは算数の学習にはつながりそうにありません。体育の学習と算数の学習ってどのようにすればつながっていくのでしょうか？　次ページに例を紹介していきたいと思います。

体育と算数をつなぐ教材例

①100m世界記録に挑戦！（たし算，時計算）

- 5人1チーム。
- 1人ずつ20m走のタイムを計測する。
- 5人の合計タイムが世界記録を上回ることができれば勝ち！

> 今のところ合計○秒だから次○秒を切ったら，ボルトを超えるよ！

②自分のペースどんな形（グラフ，平均）

- 3人1チーム。
- 3人が一緒に5周を走る。
- 同じペースで走り続けることができたチーム（折れ線グラフが水平）の勝ち。

> あのとき，ペースを上げようって言ってくれた○○くんのおかげ！

③ピッタリ10mを目指そう！（たし算，ひき算，長さ）

- 3人1チーム。
- 順番に走り幅跳びを跳ぶ。
- 3人の合計が10mに近いチームの勝ち。
- ※慣れてきたら自分たちのチームに合わせた長さを設定してもおもしろい！

> 今○mだから，少し力を加減して○m○cmを目指そう！

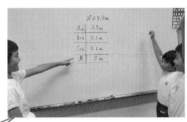

授業力アップのポイント

- 教科横断的な指導で必要感のある学習を
- "生きる"知識にするために，知識を活用する場面を設定しよう

図工

15 夢のコラボレーション！

3年目教師

図工の時間って，子どもたち楽しそうですよね！

そうだね。体育に負けず劣らず子どもたちには人気だよね。描いたり，つくったりと自分の思いを表出できるところがいいんだろうね。

先輩教師

3年目教師

体育と図工。コラボレーションできたらすごくおもしろくなるんじゃないですか!?

そうだね！ 図工の時間を使って，体育のすばらしい場面を記録していくのも楽しいよ！

先輩教師

体育と図工，夢のコラボレーション！

　「つくりだす喜びを味わうとともに，感性を育み，楽しく豊かな生活を創造しようとする態度を養い，豊かな情操を培う。」図工科の目標の1つです。体育科の目標にも「運動に親しむとともに健康の保持増進と体力の向上を目指し，楽しく明るい生活を営む態度を養う。」とあります。どちらも楽しく明るい生活を営む態度がその大きな目標です。

　体育も図工も子どもたちに大人気の教科です。それは，これらの教科の目指すべき方向が生活に根差しているものが多いからではないでしょうか。

　この体育と図工，夢のコラボレーションを授業において実現させてみましょう。しかし，ただ合わせるだけでは，その効果は限定的です。子ども自身に本来備わっている資質・能力を一層伸ばし，それぞれの教科のもつよさを引き出し，子どもたちが身体活動で表現したい，造形的活動で表現したい，と思える活動を仕組むことが大切です。

体育と図工をつなぐ教材例

描いたり，工作したりといった造形活動。身近なものを題材として取り上げることで，より意欲を喚起します。

①動きをあらわそう

　とっておきの動きを表現しよう！
・走っているところを粘土で表現する。
・チームが〇〇した場面を想像して絵にあらわす。

②チームのグッズをつくろう

　チームを盛り上げるグッズを創作しよう！
・布に自分たちのチームをあらわした旗をつくる。
・応援グッズ（メガホン・太鼓など）をつくる。
・次回の試合に向けて，告知ポスターをつくる。

③成長記録を残そう

　自分（たち）の歩みを楽しく残そう！
・わかった動きのコツを粘土を使って説明する。動画に記録していく。
・今日のMVP（最高の動き）を文章とともにイラストで残していく。

授業力アップのポイント

●互いのいいところを活用して，1＋1＞2に

16 外国語
日本語禁止！英語とボディーランゲージで伝えよう「走り幅跳び」

3年目教師：外国語の授業。高学年にもなると，子どもたちは恥ずかしがってしまって……なかなか意欲的に取り組んでくれないんですよね。

先輩教師：恥ずかしいだけでなく，ALTの先生と話をするのは緊張するよね。

3年目教師：何かいい方法ってないですか？

先輩教師：普段から英語を取り入れた授業をしてみたら？　例えば体育で！

◆必要感に迫られる場面を設定し，楽しくLet's English！

外国語活動が目標としているところって何だかご存知ですか？

> 外国語によるコミュニケーションにおける見方・考え方を働かせ，外国語による聞くこと，話すことの言語活動を通して，コミュニケーションを図る素地となる資質・能力を次のとおり育成することを目指す。

話すこと？　聞くこと？　書くこと？　ではないのです。最大の目標は積極的にコミュニケーションを図ろうとする態度の育成なのです。実際に英語でのコミュニケーションを図る場面を日々の教育活動の中に取り組んでいくことが大切な視点なのです。とは言っても全てを英語でというのも難しい話です。そこで評価の言葉に限定して英語にChangeしてみてはいかがでしょう。ほめることに抵抗を示す子どもは意外と多いのです。「OK！」「Nice！」「Very Good！」など英語の方が気楽に相手を認めることができ，子どもたち同士の関係性も深まるかもしれません！

実践例「Running long jump！」

導入	**課題共有** 注目！「これ何の意味かわかる？」「そう！ 走り幅跳び！」「なぜ，わざわざ英語で書いてあるのかって……なぜなら今日は英語を使った授業に臨んでもらうよ！」  Let's start running long jump!（走り幅跳びやるぞ！）
展開	**活動①　アドバイスタイム** さっきの跳び方，上に高く跳んでいてとってもGOOD！だったよ。 書いて評価されても，すごく喜ぶわよ！  「OK！」「Nice！」「Very Good！」「Excellent！」など，評価のランクづけをしておくと，使いやすい！
まとめ	**活動②　ゲーム** **Running long jump!のルール** 歩数（20－実際の助走歩数）×距離がポイント。チームで合算して一番ポイントを獲得したチームの勝ち！  （みんなから）「Excellent!」

授業力アップのポイント

- 英語の目標はコミュニケーション力を育むこと
- 「OK！」「Nice！」の評価で子どもたちの関係性も「Very Good！」

道徳

17 体育と道徳のリンクで心と体を育もう

3年目教師

最近，体育でケンカが絶えないのですが，体育の学習中に時間を取って話をすると活動の時間が少なくなってしまうのですが……。

それなら，特別な教科「道徳」と組み合わせて授業をしてみるのはどうかな。

先輩教師

3年目教師

え？ 道徳ですか??

そう。特別な教科「道徳」の目標は体育でも大事にしなくてはいけないこと。体も心も同時に育んでいけるよ。

先輩教師

◆ 体験的学習により，教材がより身近に！

　体育の授業は，みんなの前で運動しなければならないことが多く「できる，できない」がみんなに晒されます。そのことにより，友達関係の優劣に影響を及ぼすことがあります。また，他の教科と比べて，勝ち負けがはっきりするため，勝つことの優越感や負けることの劣等感を感じやすく，集団から疎外されることにつながることもあります。もちろん，体育の授業で乗り越えていく大きな課題です。しかし，体育の時間だけで，解決するには難しいこともあります。そこで，道徳の力を借りましょう！

　体育の授業で起きた出来事と道徳の教材をリンクさせます。体育の時間に起こりそうなトラブルを事前に想定し，それに合う道徳教材を事前に学んだり，体育の授業で起こったトラブルと道徳教材とリンクさせたりします。多面的・多角的に考え，議論したりできれば，より深い学びと成果が期待できるのではないでしょうか。

体育と道徳をつなぐ教材例（参考　日本文教出版社）

学年	内容項目	道徳　教材名	体育科との関連
1年	規則の尊重	どうしてかな	全領域
1年	規則の尊重	そろって　いるけど	全領域
2年	希望と勇気，努力と強い意志	なわとび	体つくり運動領域
2年	公正，公平，社会正義	ドッジボール	ボール運動領域
3年	希望と勇気，努力と強い意志	がんばれ友ちゃん	器械運動領域
3年	公正，公平，社会正義	ぼくのボールだ	ボール運動領域
4年	個性の伸長	つくればいいでしょ	陸上運動領域
4年	希望と勇気，努力と強い意志	四二・一九五キロ	体つくり運動領域
5年	公正，公平，社会正義	これって不公平？	ボール運動領域
6年	礼儀	人間をつくる道　―剣道―	全領域
6年	希望と勇気，努力と強い意志	ロングシュート	ボール運動領域

　道徳の内容項目と体育科の目標とは合致していることも多くあります。これらは一例です。目の前の子どもたちに照らし合わせて，合科的な学習に取り組むことで，より大きな成果を生み出しましょう。

授業力アップのポイント

● 事前の想定・事後のトラブル。道徳の目標とリンクさせて解決

18 体育だからこそできる異学年交流

3年目教師

異学年と交流をしたいと思っているのですが，どんなことをすればいいでしょうか。

それなら，体を動かして交流するのはどうだろう。きっと異学年の子ども同士もつながっていくよ。

先輩教師

3年目教師

体育，いいですね。体を動かす交流のコツはありますか。

運動をするとき，共通の目標を決めるといいね。話すきっかけも多くできるよ。

先輩教師

異学年交流で育む「あこがれ」！

　体育科における異学年交流では，運動の体験を広げたり，各々の体力や運動能力に関心をもたせたりするなど，学校の実態に応じてねらいをつくりましょう。実施時期については，新しい友達と交流することを目的にするならば，新学期の生活が落ち着き始めた5～6月がよいでしょう。また，6年生やクラスの友達とのお別れ行事として，学年末に異学年交流をすることもよいでしょう。いずれにしても，実施する時期は，各学校や学年，クラスのねらいに合った時期で実施できるとよいでしょう。交流する種目については，体育で行う運動をアレンジしたり，低学年で行われている運動遊びにしたり，「体力・運動能力等調査」で行われた調査種目を応用したりして楽しみながらできるようにしましょう。また，交流の中で高学年が活躍できる場をたくさん設けて，低学年にあこがれの先輩像を抱かせ，高学年には自立と責任を育むことができればなおいいですね。

実践例「いっしょに体力アップしよう！」

体力アップを目指し，各コーナーで6年生が下級生にコツを伝えます。

・各コーナーは，6年生が分担して運営する。
・1〜5年生は，カードに書かれている各コーナーを自由にまわる。

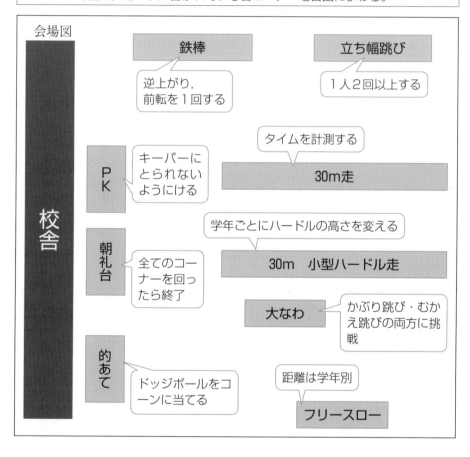

授業力アップのポイント

● 下級生が上級生にあこがれがもてる異学年交流にしよう
● 高学年が自立と責任をもてるように自主性を尊重しよう

19 おいしいとこだけいいとこどり！「ズドンリレー」

3年目教師：新しい指導要領からリレーに関するバトンパスの学習が陸上運動領域での技能に明記されましたね。

先輩教師：そうそう。バトンパスがリレーのタイムにもたらす影響が大きいことは陸上の日本代表がオリンピックで示してくれたね。

3年目教師：でも，そんなに何周も走らせることは難しいですし，バトンパスの回数が少ないとうまくならないだろうし……。

先輩教師：その通り！　だからおいしいところだけを教材化するといいよ！

学ばせたいことを中核に据えた教材構想を

　教材を構想する際にどんなことに気をつけるでしょう。例えば，リレー。リレーでは，バトンパスが学習内容に記されています。バトンパスの技能習得と言葉では簡単に聞こえますが，意外に難しいものです。グラウンドを何周も走らせるような取り組みにしてしまうと，子どもたちは疲労困憊で学習どころではなくなります。かと言って，少ない試行回数でとなるとバトンパスはなかなか上達しません。そこで，教材を工夫していきましょう！　学習内容は「バトンパスの習得」→習得させるならば授業の中でのバトンパスの試行回数を保障したい→バトンパスの試行回数を保障できて，かつ子どもたちの疲労もないものに！　つまり，バトンパスというおいしさをギュッと詰め込んだ教材にしてしまうのです。

　あれもこれもねらいたくなる気持ちをグッとおさえて，学ばせたいことを中核に据えた教材構想をしましょう！

実践例「ズドンリレー」

☆場&ルール
- 1チーム3人。
- レーンは直線80m。途中に15mのテイクオーバーゾーンを設置。
- 3人の80m走の平均タイムとズドンリレー走のタイム比較差の大きいチームの優勝。

〈1時間の流れ〉

導入	課題共有	バトンパスの方法を考えて，タイムを縮めよう！
		・オリエンテーションではルールの説明中心。 ・第2時以降は，前時までの学習を押さえ，本時のめあてを提示する。何が課題なのか，どう解決するのかといった視点を明確にもたせましょう。
展開	活動①	それぞれのグループでバトンパスの方法を考える
		タイムロス無く，バトンパスをするためには ・どのようにバトンを渡すか，もらうか。 ・どの位置でバトンを渡すか，もらうか。 ・失敗を少なくするには，どうすればよいのか。 あたりが学習の中心課題となる。
まとめ	活動②	記録会→共有
		タイムを大幅に縮めたチーム取り上げ，バトンパスの補方を共有する。

授業力アップのポイント

● 子どもたちにとっておいしいところをギュッと詰め込んだ教材構想を

20 みんなの願いをかなえる！「どっちもゴール！」

3年目教師

ボール運動って最初はすごく盛り上がるのに，単元が進むにつれて，盛り上がらなくなってくるんです。

そうだね。いろいろ理由はあるとは思うけど……得点が思うように取れなくなるところにあるんじゃないかな。

先輩教師

3年目教師

攻撃はもちろん，守備もすごく上手になりますからね。何かいい方法ってありませんか！

要は守りがうまくなってもたくさん点が取れる教材にすればいいんだよ。

先輩教師

ゴールは1つだけ？　いいえ，2つです！

　ゲーム・ボール運動領域。単元前半は，珍しいゲームや試合に気持ちが高揚し，「走る・パスをする・シュートをする」何をしても楽しく感じることができ，盛り上がります。ところが，単元が進むにつれ，ゲームに対する飽きや相手の守備力向上に伴う得点力不足に陥り，盛り上がりに欠けるものになっていきます。どんなゲームやボール運動の授業でも起こり得る「あるある」現象ではないでしょうか。

　"得点減"が子どもの意欲の停滞・減退につながるのならば，得点が減らないような工夫をゲームに施す必要があります。そこで紹介する教材が「どっちもゴール！」です。ゴールが2か所に設置されていたり，とび箱ゴールに思いっきりシュートしたりすることで気分の高揚はもちろんのこと，相手の守備力が高まっても，発想1つで得点し続けることができるというのがこの教材の最大の特徴です。

実践例「どっちもゴール！」

☆場&ルール

ルール

- とび箱の側面に当てれば1点。
- ゴールは2つ。どちらにシュートをしても得点になる。
- ボールを持っている側が「攻撃」、ボールを持っていない側はゴールマンとして、両ゴールエリアに入らなければならない。
- ボールがコートから外へ出た場合、シュートが決まった場合は攻守交代。

「ボールを取ったら、すぐにこっちね！」

「シュートできない…」

ゲームの様子

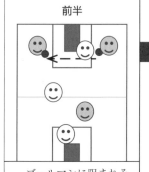

前半

ゴールマンに阻まれそうになったら、ゴールの反対側に回して、チャンス！

中盤

守りのレベルが高まると、上図のように相手につかれてしまいます。

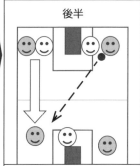

後半

攻撃側は反対側のスペースに着目することで、得点チャンスに！

授業力アップのポイント

- ●ボール運動の授業は単元が進むにつれて、盛り下がる可能性が大
- ●守備力が高まっても、局面を打開できる方法がある教材に

21 条件変化で課題を創出！

3年目教師

単元が始まって最初のころは盛り上がっているんですけど，だんだんと盛り下がっていくんですよね……。

よくあることだよね。子どもたちが，毎時間目標をもてるような授業にできるといいよね。

先輩教師

3年目教師

毎時間ですか!?　そんなことできますか？

子どもたちの意識を変える変化を少し加えてみるといいよ！

先輩教師

目先を変える変化！

　子どもたちの関心，意欲はそう長くは続きません。どんなに最初は楽しそうに授業がスタートしても，3時間も同じことをしていては，飽きてくる子が出てくるのも致し方ありません。子どもたちが主体的に学習に向かえるのは，目標を自分の中で確立できているときです。しかし，毎回全ての子どもに，目標をもたせるのは容易なことではありません。

　そこで，単元や1時間の途中に，ちょっとした工夫を加えることで，子どもたちの目先を変えてみましょう。変えるといっても，大きく変える訳ではありません。少しの変化です。例えば，ルールをつけ加える。ゲーム人数を変える。練習の場を増やす。走る距離を変える。コートを変化させる……。様々考えられそうです。

　変化させることにより，子どもたちは「なんかおもしろそう！」「やってみたい！」と再び感じることができます。同時に，教師にとっても，学習課題をより鮮明にすることができるメリットがあります。

条件変化の方法あれこれ

例① 人数変化

例えばネット型ゲームにおいて。単元を3つに分け，1VS1⇒2VS2⇒3VS3とゲーム人数を変えていきます。人数が増えるたびに「どんなことができるようになるかな？」が学習課題となります。「ひろう（レシーブ）」「ととのえる（トス）」「かえす（アタック）」といった役割をよりわかりやすく学ぶことができるようになります。

他の型のゲームやマット運動で動きを揃えるといった学習目標などでも有効です。

例② 場の変化

マットは必ず一列にきれいに並べなくてはならないでしょうか。コートの形は必ず方形でなくてはいけないでしょうか。リレーは必ず直線と半円を合わせた場でなくてはならないでしょうか。そんなことはありません。少しの変化で「おもしろそう」「やってみたい」を引き出しましょう。

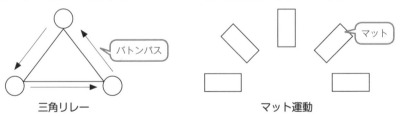

授業力アップのポイント

- 少しの変化で子どもの学習意欲を持続させよう
- 変化させることで，学習課題をより鮮明に

22 「できるようになりたい！」願いをかなえる技術保障

3年目教師：授業が進むにつれて，できる子とできない子の差が広がってしまいます。そして，できない子の意欲はだんだんなくなっていきます……。

先輩教師：そうだね。技能の差が出てしまうのは仕方ないよね。でも，いつまでもできないままなのは教師の責任でもあるよ。

3年目教師：そうですよね。でも，できない子をできるようにするなんて……。

先輩教師：簡単なことじゃないね。だからこそ教師は「できる」をどの子にも味わわせる力を身につけないといけないね。

2つの「できた」を生み出す教師の力

　いくら自分のチームがゲームで勝ったとしても，仲間がアドバイスによって技ができるようになったとしても，自分の技術が少しも向上しないのでは，満足することはできません。主体的に学習に向かえるはずもありません。

　しかし，一定の技術を全ての子どもに身につけさせることは困難なことですね。技術を身につけるとは，子どもたちにとって「できた」です。「跳び箱が4段跳べた」「シュートが決まった」だけをイメージしていたならば，そこに全員をたどり着かせるのは至難の業です。しかし，そのイメージの前には，たくさんの「小さなできた」があります。跳び箱ならば「手をしっかりつけた」「腰をしっかりあげられた」「膝を使って着地をピタっとできた」などです。そんな「小さなできた」をしっかり想定する力，みとる力，またその「小さなできた」を積み重ね，子どもたちの願いである「大きなできた」に近づける指導力が教師には求められます。

「できた」を生み出す工夫

例① 口伴奏の工夫

シュート。アタック。バッティング。一番魅力的な技術は必ず身につけさせたいものです。口伴奏にのって「できる」ようにしてしまいましょう！

【アタック】 助走からのアタックのタイミングをつかみます

 ←  ←  ←

④バン!!　　③ドドン　　②ツー　　①ワン

例② 場の工夫

「小さなできた」を生み出す場を工夫しましょう！

低いネット

坂道マット

例③ 教具の工夫

技術習得につながる教具は大いに活用しましょう！

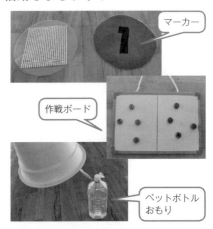
マーカー
作戦ボード
ペットボトルおもり

授業力アップのポイント

- 「小さなできた」の積み重ねが「大きなできた」に
- 子どもたちの願いをかなえる3つの工夫（口伴奏，場，教具）

23 得意を活かせ！「チーム10種競技」

3年目教師

多様な動きってなんですか。

体のバランスをとる運動，体を移動する運動，用具を操作する運動，力試しの運動といった運動から導かれる動きだね。

先輩教師

3年目教師

何か単調な動きになってしまいそうです……。

それなら，それらの基本的な動きを組み合わせた動きを「自分たちでつくる」活動を取り入れてみたらどうかな。

先輩教師

2つの動きを組み合わせる

　基本的な動きを組み合わせる運動は，中学年で新たに加わる運動で，これまで経験してきた基本的な動きを2つ以上組み合わせて行うものです。例えば，「バランスをとりながら移動する」や「用具を操作しながら移動する」や「フープを回してからくぐり抜ける」などの動きです。つまり，「〜しながら〜する」のように2つの動きを同時に行う運動や「〜してから〜する」という違った動きを連続して行う動きがあります。動きを意図的に組み合わることで，意欲的にレベルアップした運動に取り組めるとともに，動きの質を高めることができるでしょう。

　その動きをペアやグループで考える活動も楽しいものです。自分たちの得意を活かし様々な動きが生まれます。また互いに考えた動きを紹介し合うことで，運動の幅も広がっていきます。動くときに気をつけなければならないことや動きのポイントを整理していくことで，よい動きがたくさん蓄積されていきます。

実践例「チーム10種競技」

棒を持ちながら平均台を歩く

フープを回してから跳び越える

縄跳びしながらボールをキャッチ

前転をしてからボールをキャッチ

2人でボールを担ぎながら歩く

フープ回してからくぐり抜ける

☆各班から1つずつ競技種目を出し合う

　それぞれのグループや班で考えた「組み合わせる運動」の中から，自分たちのおすすめの競技を1つ選ばせます。そして，それぞれのグループや班の得意な競技をもち寄り，10種競技にします。仲間と助け合いながら，全ての種目がクリアできることを目指します。

授業力アップのポイント

● 自由な発想で動きを考えることを楽しませよう

24 頭も使って学習参加！「フラッグフットボール」

3年目教師

ボール運動の動き方を教えるのって難しいですね。

そうだね。どう動いていいかわからず立ち尽くしている子もいるよね。フラッグフットボールに取り組んでみてはどうかな。

先輩教師

3年目教師

フラッグフットボールとその他のボール運動はどんな違いがあるのですか？

フラッグフットボールは，あらかじめ動き方をチームで相談して作戦ボードに示されているから動き方がわかりやすいよ。

先輩教師

◆ 頭と体を使って！

　球技における動きは，状況に応じて刻々と変化していきます。その動きを習得することは難しいことです。特に，運動が苦手な子にはとてもハードルが高くなります。そんな子どもたちも主体的に参加できる授業を創造したいものです。

　フラッグフットボールは，他のゲームと違って「ボールをドリブルしたり，シュートしたりするといった難しい技能は必要なく，攻撃のたびに作戦を考え役割分担して，みんなで一緒に成功体験を味わうことができる」球技です。また，チームで考えた作戦を実行して成功したときには，みんなで喜びを実感することができるといったよさがあります。

　全員で作戦を理解し実行していきます。頭を使って自分のすべき動きを確認してからゲームに参加できることは，運動が苦手な子にとっても，学習参加へのハードルがぐんと低くなることでしょう。

実践例「フラッグフットボール3VS2」

①場の設定

子どもたちがゲームの楽しさや喜びを感じられるように，子どもたちが立てた作戦が成功しやすい状況をつくることが大切です。そのため，得点しやすいルールやコートの広さなどの設定も重要です。

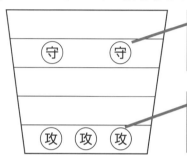

奥のコートの幅を広げることで攻める側が得点しやすくなる。また，守りの人数を減らして攻撃優位にする。

常にスタートゾーンから始め，3回の攻撃で攻守交代する。奥のゾーンまでフラッグを取られずに走ると高得点が取れる。

②よい動きの共有

「相手がいないスペースを見つけることができたね」と具体的に賞賛したり，場面を取り上げて紹介したりするとよい動きの共有ができ，新たな動きの創出へとつながることでしょう。

③課題解決の仕方をイメージさせる

例　パスを成功させるポイント
・相手がいないところに立つ
・空いたスペースに移動する
・フリーな味方にパス
・手渡しすると見せて，自分でボールを運ぶ

授業力アップのポイント

●頭を使ったプレーで，運動が得意な子，苦手な子もみんな学習参加

25 対話が生まれる長縄跳び「8＆6」

3年目教師
対話的な授業……。体育で対話を確保するって難しいですね。

先輩教師
そうだね。動き出すとみんな夢中になってしまうからね。

3年目教師
対話する時間を設定すればいいのでしょうか。

先輩教師
もちろん対話を意図的に仕組むことは大切だよ。でも，体育ならではの体を通した対話を大事にできるといいね。

◆身体活動を通しての対話

ただひとつの技や動きの習得のみを目指すのならば，一人でひたすらトレーニングをすればいいのかもしれません。しかし，一緒に方法を考えたり，ともに喜びをわかち合ったりといった運動の楽しさを存分に感じることはできないでしょう。そこで対話が大切になります。一言で対話といっても，以下の対話があります。

```
仲間との対話……仲間と教え合う，励まし合う，比較する
教師との対話……ヒントをもらう，認めてもらう，新たな知見をもらう
教材との対話……技の獲得，ゲームの勝利など課題解決の方法を考える
自分との対話……自分自身の心や体の調子と向き合う
```

この学習では誰（何）とどんな対話をすることが必要なのか，有効なのか。教師は見極め，実行する力をもたなくてはいけません。特に体育では，体を通しての対話が中心です。頭だけでなく，心も体もつながる対話を設定しましょう！

実践例「長縄跳び〜8＆6〜」

　1本の縄を用いて，夢中になって8の字跳びの回数を競い合う。よく見る光景です。しかし，長縄跳びの楽しさはこれだけではありません。仲間とタイミングや動きを交流することで，ひとつの技にチャレンジする。これも大きな楽しさの1つです。対話がたくさん生まれる「8＆6」という教材を紹介します。

①8＆6とは

　「8＆6」とは回るなわに対して，8つの通り抜け（入ったところと違うところから出る）技8種類と6つのリターン（入ったところと同じところから出る）技6種類。これらを合わせて基本技8＆6とよびます。

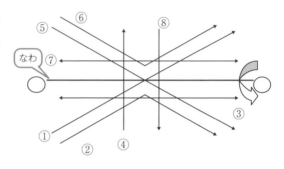

②授業の流れ

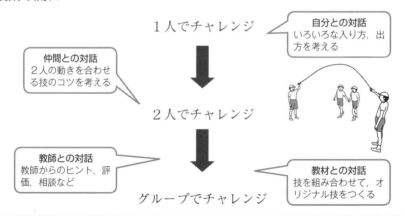

授業力アップのポイント

●授業をより楽しくする4つの対話「仲間・教師・教材・自分」

26 みんなで泳げる！「ペアスイミング」

3年目教師

水泳の授業，児童数が多くて個別指導が難しいのですがどうすればいいですか。

子ども同士の力をもっと活かそうよ。

先輩教師

3年目教師

子ども同士の力？　どうすればいいのですか。

ペアやグループをつくって，客観的に互いを見合わせる時間をつくりだすんだよ。

先輩教師

 個の学習から高め合う水泳！

　水泳は，他の領域と違って技能差が大きい領域です。運動上位層の子どもは，何も教えていない状態でも50mクロール，平泳ぎができます。しかし，下位層の子どもは，泳ぐどころか顔すら水につけられないこともあります。習熟度別などの個の学習をしていると運動上位層はただ泳いでいるうちに，下位層の子どもはひたすら特訓しているうちに水泳の授業が終わってしまいます。それでは，水泳の楽しさを存分に味わうことは難しいでしょう。

　そこで，ペアやグループで自分たちの動きを見合う活動を入れていきます。一人の教師からのアドバイスには限界があります。子ども同士のアドバイスの場を設定することで，アドバイスの数は格段に増えます。また，「見合うポイント」を提示することで，より効果的なアドバイスにもなります。これは運動下位層だけのメリットではありません。教える側も，どうすればうまく泳げるのか，どんな言葉で言うと伝わるのか，考えることで自分の動きの再確認につながります。上位層にとってもメリットがあるのです。

教え合い・学び合い

　2人1組でお互いに安全を確かめる「バディシステム」。その2人1組を学習にも利用します。お互いの進歩の様子を確かめ合ったり，欠点を矯正したりします。バディの組み合わせは，指導の狙いに応じて，泳力が同じくらいの者と組ませたり，熟練者と初心者を組ませたりと組み合わせの工夫も大切になってきます。

だるま浮き
息を大きく吸って，両手で膝を抱え込むように浮きます。慣れてくると，バディが背中を押して水中に沈めます。沈んでもすぐに浮いてくる実感をもたせます。

バタ足
太ももからゆっくり動かせるようにバディがアドバイスをしながら学習を進めていきます。膝が曲がらないようにバディが両手で支えてあげましょう。

けのび
かかとが揃って浮いているか，おでこが前から見えていないかを確認します。目は空けていたか，息は鼻から吐くことができていたかは，陸上に上がってから聞き合いましょう。

授業力アップのポイント
- バディを活かして仲間と一緒に学び合いができる学習を
- 見合うポイントをはっきりと提示

27 運動観察者も学びを深める「跳び箱」

3年目教師

跳び箱運動では，跳び箱の台数が少なく，運動する時間が少ないのですが……。

先輩教師

例えば，40人学級に6台の跳び箱しかないと34人は，運動待機者になってしまいますね。

3年目教師

学びのある時間を増やすには，どのようにすればいいですか？

先輩教師

運動待機者が運動観察者として，運動者の補助やアドバイスをすることでたくさんのことを学べるといいね。

◆ 視点を共有！

　運動をしていない運動待機者が運動観察者に変わり，運動者にアドバイスしたり，補助をしたりできる時間をつくると学びの時間はぐんと増えます。運動者と運動観察者が関わり合うことで必ず対話が生まれてきます。しかし，ただ観察するのではなく，観る視点をもたせることが大切です。「頑張れ」と応援するのではなく，体のどこをどのように動かせばいいのか，明確にアドバイスができるようにしたいものです。また，運動者も自分の何が課題なのかを明確にすることで，運動観察者からのアドバイスがより有用なものになります。対話しながら，互いの課題を明らかにすることで，技能の向上を目指す関係になるといいですね。

　また，跳び箱運動では，運動者1人，運動観察者2人の3人でグループをつくると補助するときも両側からサポートできます。行う運動によってグループの構成も工夫しましょう。

実践例「頭はね跳び」

　頭はね跳びは，体をバネのように力を溜めてから解放するようなイメージで跳ねることをしなければなりません。跳ねる感覚を運動観察者は言葉にすることは難しいですが，補助をしながら運動者と対話してどこをどのように意識するとできるようになるか，考えながら技能の向上を目指していきましょう。

☆運動者と運動観察者の関わり場面

補助の仕方を学ぶ
　　　　　　　　（舞台の上から）

- 運動者が横に落ちないように支える。
- 跳ねるタイミングで運動補助者が体を少し持ち上げる。
- どこで跳ねる動作を始めるか合図をする。

ポイント
落ちないように先に手を出し，補助をする。

運動観察者がアドバイスをする
　　　　　　　　　（頭はね跳び）

- 技に挑戦した後にアドバイスを聞く時間を取る。
- 運動者の課題は何かを，グループで話し合う。

ポイント
腰を持って跳ねる動作の手助けをする。

授業力アップのポイント

- 運動観察者もみること，伝えることで学習参加
- 運動者と運動補助者の対話でコツをキャッチ

28 採点制度で見る目を育てる「回転オリンピック」

3年目教師

器械運動など個人の技能を高める授業では，対話的な授業になりにくいですよね。

そうだね。でも，そういう個の種目だからこそ生み出せる対話的な授業もあるんじゃないかな。

先輩教師

3年目教師

え!?　どうすればいいんですか？

互いが見合う状況を必然にすることを考えてみようよ！

先輩教師

 動きを見合う

　頭の中は見ることはできませんね。しかし，動きは目で見ることができます。体の動きの獲得を主とする体育の授業では，その獲得状況は一目瞭然です。そのよさを利用しない手はありません。互いにその動きを見合うことで，動きのコツや自分に必要なものを理解できるようにしたいものです。

　しかし，「さあ，お互いの動きを見合いましょう」では，その成果は限定的です。見る側も，見られる側も，何を見ているのか，見られているのかを共通認識できていないからです。その後の効果的な対話へと導いていくには，何を，何のために見るのかその目的を理解した上で，見合うことができるようにすることが大切です。

　では，授業でそんな状況をつくるにはどうすればいいのでしょうか。キーワードは「評価」です。互いに評価する状況を必然的につくり出してみましょう。

実践例「回転オリンピック」

☆場&ルール
- 1チーム4〜5人。
- 着手局面，回転局面・着地局面に分け，1〜3点で採点を行う。
- 試技者以外のみんなで採点。
- 採点は1日1回。

導入	**課題共有** チームで得点をアップさせよう！ ・ルールの説明，採点基準の作成 ・理想の回転フォームの確認 ・試技を見合い，それぞれの本時の課題を共有化
展開	**活動①** それぞれのグループで練習を行う 　得点をアップをするためには ・腰の位置，手のつく位置 ・なめらかに回転できているか ・手を後ろにつくことなくすっと立ち上がる などが学習の中心課題となる。
まとめ	**活動②** 記録会→共有 　ひとりずつ試技⇒みんなで採点 ポイントをあげたチームを取り上げ，そのコツを共有する。

授業力アップのポイント

●評価し合う場面を設定することで，対話を生み出す

29 ジグソー法で走り方追究！

3年目教師

対話的な授業をしようと話し合いをすると，決まった子どもばかりが発言していて……。

わかるよ。やっぱり体育が得意な子どもや発言力のある子ばかりが話をしてしまうよね。

先輩教師

3年目教師

そうなんですよ。それはしょうがないのでしょうか？

いやいや，そんなことないよ。それぞれに役割をあたえる方法を試みてはどうかな。

先輩教師

◆ ジグソー法

　一方的に誰かが発言する授業ではなく，対話的な授業にしたいものです。しかし，体育は技能の差が目でみてわかる教科です。どうしても得意な子どもの発言権が大きくなります。同じことをみんなが行っていたのでは，そうなるのも致し方ありません。そこでジグソー法を取り入れてどの子も話さざるを得ない状況をつくってみましょう。

> ジグソー法とは……
> 　社会心理学者のアロンソンが生み出した学習法です。ひとつの課題に対して，いろいろな角度からの解決を試みます。その際，グループで役割分担を行い，一人ひとりに責任が与えられます。課題解決の際，他グループの同じ解決方法の担当の人とともに解決に向かいます。その後，元のグループに戻り，成果を伝え合います。

実践例「このコース。どうやって走る？」

①今日のめあてを知り，本時の学習の見通しをもつ

> いろいろなコースを速く走るコツを考えよう！

「どれが走りやすそうかな？」
「ぼくはあのジグザグコースを走ってみたいな」

☆以下のコースから１つ選ぶ

　　(1)逆回りコース　　　(2)８の字コース　　　(3)ジグザグコース

②エキスパートグループで走り方を考える（エキスパート活動）

「体のどこを動かすのかな」
「後でグループのみんなにうまく伝えられるようにしないといけないな」

> 後で，ここで得たものを元のグループに伝えるという目的を伝えることで，より活発に探究活動に向かえるようにする。

③元のグループに戻り，考えを伝え合う（ジグソー活動）

「走るときにうまく体を倒すといいよ」「腕の使い方が大事だよ」

④コースの違いによる走り方の共通点や相違点を交流する

「外側の手足と内側の手足の使い方が違うね」「体の傾け方が大切だね」

授業力アップのポイント

●一人ひとりが自分の考えを話さざるを得ない授業，話したくなる授業にしよう

30 作戦ボードで対話を共有化，焦点化！

3年目教師

ゲームの前の作戦タイム，なかなか活性化しないんですよね。

ゲームの前にチームで集まって作戦ボードを使いながら盛り上がって話し合っている姿が見たいよね。

先輩教師

3年目教師

作戦ボードをうまく活用できればとは思っているのですが……。

作戦ボードを使うことが目的ではなく，チームが得点を取るため，勝利するための手段として作戦ボードが使えるといいよ。

先輩教師

〜〜に応じた作戦

次のポイントを意識させることで作戦タイムを活性化させましょう。

|自分のチームの特徴に応じた作戦づくり|

　自分のチームには，足が速い人やパスが得意な人がどのくらいいるのかを把握しなければ，チームの特徴に合わせた作戦を立てることができません。足が速い人が多いチームではドリブルを中心に，パスが得意な人が多いチームではパスを中心に効果的な攻撃の仕方を考えなければなりません。チームの特徴に応じて実行可能な作戦を立てることが大切です。

|相手の動きに応じた作戦づくり|

　ゲームには相手がいます。相手によって作戦の修正が必要になります。相手の弱点をつく動きや相手の裏をつく動きを考えることで，相手の動きに応じた作戦となります。

　ポイントで焦点化すること，作戦ボードで共有化することで，作戦タイムがより活性化することでしょう。

作戦ボードの役割

下の図1のように,子どもたちは,チームの動き方を作戦カードに書いていきます。そして,そのカードを基に「Aさんは,○○の方向に移動して……,Bさんは,○○の方向に移動して……」というようにチーム全員の動きをイメージします。また,「Aさんは,走りが速いので,パスをもらえる位置まで素早く移動して……」というようなチームの特徴に応じて,作戦を立てることもできます。

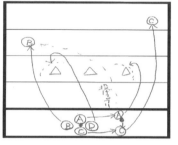

図1　作戦カード

しかし,予め考えた作戦通りに相手が動いてくれるとは限りません。例えば,足の速いAさんにパスが通らないように守備者がマークにつくことが考えられます。そのときに,作戦の修正が必要となってきます。

そこで,作戦ボードを使ってチームで対話しながら,よりよい解決策を考えなければなりません。得点を取るために子どもたちは,マグネットを動かしながら,必然的に対話が生まれてきます。

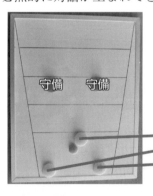

マグネットに名前を書いて誰がどのマグネットかをはっきりさせましょう。

授業力アップのポイント
- 自チーム,相手チームに応じた作戦づくり
- 作戦ボードを使って,仲間と目的を共有化

31 口伴奏で動きもばっちり！「平泳ぎ」

3年目教師

平泳ぎの指導が難しいです……。

伸びる，プル，息継ぎ，キック，伸びる。この一連の動きの全体像をつかませるといいよ。

先輩教師

3年目教師

全体像ですか？　どうやってつかませるのですか？

動きをリズムにのせて，口伴奏でやってみるのはどうだろう。

先輩教師

 リズムに合わせてのーびのび

　ひとつの運動（動き）ができるようになるためには，全体像をイメージできることが大切です。また，その動きのリズムを感じられなくてはいけません。リズムは，自然と口に出てくるような簡単なリズム（口伴奏）だとなおいいですね。リズムが体に染み込んでくるので，動きのイメージがつかみやすくなります。また，ペアがリズムを言いながら練習をすると，動きを共通理解できてアドバイスもしやすくなります。動きを意識しながら運動ができるようになるので，自然と技能の獲得につながってきます。

> 口伴奏をつくるコツ
> ・わかりやすい簡単な言葉で！
> ・印象に残りやすいリズムで！
> ・できれば，言葉と動きが関連するような言葉に

　子どもたち自身に動きの口伴奏を考えさせる活動もいいですね。

実践例「平泳ぎ」

ここでは，口伴奏を使って，平泳ぎが習得できるようにしていきます。

| 「かき」（プル）　・　「く」（口＝呼吸）　・　「けりー」（キック）
・　で　・　「のーびのび」（のび） |
|---|

のリズムをしっかり覚えて，互いに言いながら練習をしていきましょう。

①　　　　　　　②　　　　　　　③　　　　　　　④

かき　　　　　　く　　　　　　けりーで　　　　のーびのび

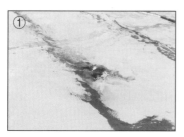

かかとが浮くまで伸びてから
手をかこう。

手と足が同時に動く場合は，
陸上で練習しよう。

あごを上げない。手のかきで
自然に顔を上げよう。

しっかりとストリームライン
を意識して伸びよう。

授業力アップのポイント

●口伴奏で見るポイントを明確にして，アドバイスを活性化させよう

2章　体育指導　ステップアップの授業テクニック42

32 小さなゴールの積み重ね！「逆上がり」

3年目教師

この前，初めて「逆上がり」をできた子がいました！ その笑顔は最高でしたね！

私たちは，子どもが"できた！"っていうときに見せる笑顔のために頑張っているってところあるよね！

先輩教師

3年目教師

それでも，やっぱり何人かはどうしてもできなくて……そんなとき，どうしていますか？

小さな積み重ねを設定して，その積み重ねを認めるようにしているよ。

先輩教師

大きなゴールではなく小さなゴールに価値づけを！

左の写真をご覧ください。逆上がりの授業で必ず見る子どもの姿といっても過言ではありません。

こういった場合の多くの原因は腕の力が弱いことにあります。まずはしっかりと腕の力をつけるところから始めましょう。そこで，下のような小さなスモールステップを用意します。

子どもにとっては1つ1つが小さな"ゴール"となります。小さなゴールを評価することで"できた"達成感を味わわせ，"できるんだ"という「自信」を育みましょう。

実践例「逆上がり」

単元 1時間の流れ	①前回りと逆上がりの違いを探ろう！	②逆上がりの練習法を考えよう！	③逆上がりみんな達成！を目指そう！
導入	・前回りにチャレンジ 	・スモールステップタイム  腕の力はとても大事，まずは懸垂から始めよう！ これはできた！	・スモールステップタイム 
展開	・「逆さになっただけなのにどうしてできなくなってしまったのだろう？」  前回りと違って，鉄棒におなかがくっつかないからじゃないかな。くっつかない〜！	・「おなかを鉄棒にくっつける方法ってどんな方法がある？」  おなかを鉄棒にくっつけるためには腕を曲げることが大事だね！	・「みんなの編み出した方法でどんどんチャレンジしてみよう！」  ○○さんグループの方法でやってみたら，もう少しで回れそうな感じになったよ！
まとめ	・理由の共有  前回りは簡単におなかをくっつけることができるけど，逆上がりになると，おなかを鉄棒にくっつけることができないという理由を共有。	・方法の共有 僕たちのグループは，おなかを鉄棒にくっつけるために，こんな方法で練習してみたよ！ と各グループの方法を共有。	・発表会  できるようになって喜ぶことはもちろん大事だが，どれだけできるようになったのかを把握すること，認識させることはもっと大事！

授業力アップのポイント

● 「小さなできた」を評価して，子どもの学習意欲を持続させよう

33 学習の軌跡を残す 学習カード「鉄棒運動」

3年目教師

毎時間，楽しく授業を受けているのですが，前時や次時とのつながりがあまりもてていません。

ただ，体を動かして終わっている授業はよくないね。子どもたち一人ひとりが学びのつながりを感じられる授業にしたいね。

先輩教師

3年目教師

そうですよね。学びのつながりをもたせるには，どうすればいいですか。

授業でわかったことや学んだことを記録していきたいよね。

先輩教師

◆ 学習カードの役割

① 子どもがめあてをもてるようにする。
② 子どもが学習資料として活用できるようにする。

　この2点は，学習カードの大きな役割です。
　教室外が学習の場であることがほとんどの体育においても，学習カードは大いに活用しましょう。しかし，子どもたちの学習カードの記入を見ると「たのしかった」「次，頑張る」など，抽象的な記述になっていることがよくあります。「どうしてできなかったのか」「どのように直せばいいのか」など具体的な振り返りができていると次の授業の課題に活かすことができます。課題を明確にすることが，連続的な学びへとつながっていきます。
　また，学習カードには動きのポイントや活動のヒントを示します。子どもたちが課題に向かって進むための道標の役割も担うことになります。学習カードを参考にしながら主体的に活動していく姿を生み出したいものです。

カードの効果的な活用例

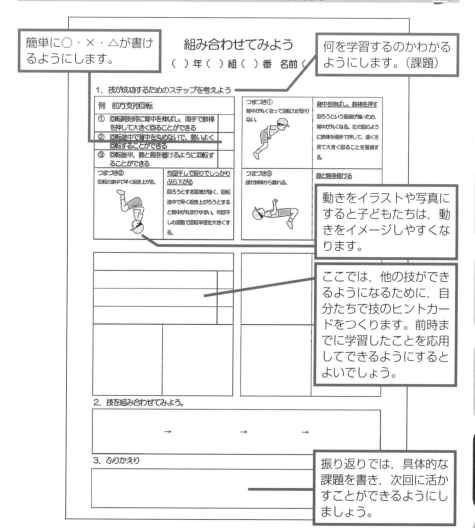

簡単に○・×・△が書けるようにします。

何を学習するのかわかるようにします。(課題)

動きをイラストや写真にすると子どもたちは、動きをイメージしやすくなります。

ここでは、他の技ができるようになるために、自分たちで技のヒントカードをつくります。前時までに学習したことを応用してできるようにするとよいでしょう。

振り返りでは、具体的な課題を書き、次回に活かすことができるようにしましょう。

授業力アップのポイント

- 学習カードでこれまでの学習とこれからの学習をつなぐ
- 学習カードは目標に歩んでいくための道標

34 できるを生み出す場の工夫「マット運動」

3年目教師

マット運動は，できる子どもとできない子どもが二極化してしまいます。みんなが主体的に学習に向かういい方法はないですか。

できない子どもには，スモールステップとしていろいろな場で練習できる環境を提示できるといいね。

先輩教師

3年目教師

できる子どもは，どうすればいいですか？

いろいろな場を準備することで，全ての子どもが主体的に学習に取り組めるようにしてみてはどうかな！

先輩教師

無理に挑戦させていませんか？

　器械運動は，「できる」「できない」がはっきりとした運動です。そのため，子どもたちの技能の習得状況には，大きな差が生じます。どのような指導をしていけばよいでしょうか？

　例えば，器械運動の授業。いろいろな課題が混在しているにも関わらず，1つの場で一生懸命に練習している場面を見かけます。しかし，「できない子」は，動く感覚がつかめていないため，初めから大きな技に挑戦してもできるはずがありません。また，同じ場でできないことを繰り返し練習しても，達成感を味わうことはなかなかできないでしょう。

　それぞれの能力に応じた場が設けられ，自分たちで練習する場所を選択できればどうでしょうか。最初から大きな技に挑戦するのではなく，少しずつレベルアップしていくことで，目標をもって主体的に運動に取り組むことができるのではないでしょうか。

いろいろな場の工夫

　子どもたちの体格や技能レベルの実態に応じて、いくつかのスモールステップの場を設定しましょう。教師がたくさん場を設定しても、子どもたちが活用できていなければ効果はありません。それぞれの場において、どのようなところに気をつけて活用をすれば効果的なのかを教師がしっかり指導し、子どもたち一人ひとりが課題に対して挑戦できるようにしましょう。

☆場の工夫例

開脚前転をするときに足を開きやすい場

溝があることで前転や後転の練習で頭が抜きやすくなる場

斜めに使用すると、倒立前転の練習に効果的な場

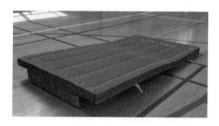

後転グループの技などで回転を加速させる際に効果的な場

授業力アップのポイント

- 子どもたちの実態に合った場を設定しよう
- 自分の課題を明確にして場を選択できるようにしよう

35 みんなエースシューターに！「ボール運動」

3年目教師

バスケットやサッカー，ハンドボールなどの授業をしても，結局同じ子ばかりがシュートを決めちゃうんですよね。

先輩教師

ゲームの授業では，その技能差は顕著にあらわれてしまうよね。

3年目教師

そうなんですよ。シュートを決められない子はどんどんやる気がなくなっちゃって……。

先輩教師

「シュートを決めたい！」という願いはみんなもっているからね。そのみんなの願いをかなえるのも教師の仕事だよ！

一番の願い

　何も言わずに運動の場や道具を与えたときに，子どもたちが勝手に始めること。それが子どもたちの一番の願いです。跳び箱があったなら跳び越え始めることでしょう。バットとボールがあったなら打ち始めることでしょう。ボールとリングがあったならそのリングに向けてボールを投げ始めることでしょう。体育の授業では，その一番の願いをかなえてあげたいものです

　しかし，既存のスポーツ，競技，道具をそのままの形で授業に取り入れたのなら，その願いを全員にかなえることは非常に難しくなります。そこで既存のスポーツ（素材）を加工して，教材として子どもたちに提示する必要がでてきます。

例　

加工のコツ！　ボール運動

①人数制限

サッカー11人 VS 11人，バスケット5人 VS 5人，にこだわる必要はありません。一番学習成果が発揮される人数設定にしましょう。

また攻撃側を1人多くするオーバーナンバーのゲーム（4人 VS 3人，3人 VS 2人）なども攻撃側の動きを学ぶのに有効です。

②ゴールの形

ゴールの形状や高さなどを工夫することで，みんなに「エースシューター」気分を味わわせましょう！

補助リング

三角ゴール

③ルールのしばり

ルールを変化させることで全ての子どもにシュートチャンスが巡りやすくすることもできます。例えば，

・**ボーナス点**

全員決めたらボーナス点，はじめて決めた人はボーナス点，など。

・**「シュート！」ボイス**

ボール保持者が「シュート」と言ったら，全員フリーズ。邪魔をされずにその場からシュートが打てる。

授業力アップのポイント

● 子どもたちの最大の願いはゴールを決めること
● 願いをかなえる3つのポイント！　人数変化，ゴールの形状，ルール

36 ねらいによって「できる」も変化!「ベースボール型ゲーム」

3年目教師

体育の時間では何を「できる」ようにしたらいいのか, いっぱいありすぎて困っています。

先輩教師

そうだよね。「できる」ことは子どもたちにとっても最大の喜びだからね。

3年目教師

そうなんです。でも, 限られた時間の中で, 全ての「できる」をねらいにしていくのは……。

先輩教師

その「できる」を取捨選択していくことが必要だね。

何を「できる」にするのか

　例えば, ベースボール型の授業, 打つこと, ボールを捕ること, 走ること……。ハードル走では, スタート, 踏み切り, またぐ, 着地, リズム……。水泳ならば, 水に顔をつけるから, 正しい泳法で泳ぐことまで。ひとつの運動を取り上げてみても, そこには様々な「できる」があります。もちろん, 全ての「できる」を全員が達成できればいいですが, そうはいきませんね。時間も限られています。そこで, 思い切ってそれらの「できる」ようにすることを取捨選択してみましょう。

```
　　技術を取捨選択する際のポイント
・もっとも楽しいところを残す
・運動経験の差, 地域の実態などに応じて
・みんなを「できる」に導く学習過程
```

みんなが「できる」「わかる」楽しい授業!

実践例「高学年ベースボール型ゲーム」

このゲームは，打つことをできるようにすること。走塁の判断ができるようになることに重きを置いたゲームです。

☆単元計画

1	2	3	4	5	6	7	8
オリエンテーション	かっとばせゲーム						ゲットベースボール大会
	チョイスベースボール						
	ゲットベースボールⅠ			ゲットベースボールⅡ			

・かっとばせゲーム

　新聞紙を丸めたものを，ラケットで思い切り打つ。当たれば1点。5m飛んだら2点。10m飛んだら3点。制限時間60秒。
【目標15点】

・チョイスベースボール

　投げるかバッティングを行い，コーンを選択して回る。回ったコーンによって得点。何往復してもよい。守備側が，ボールを持った人のところに全員ならんで「アウト」のコールをするまでに何点とれるか。

・ゲットベースボール

　打ったら走る。進んだベース分だけ得点となる。しかし，アウトコールされたときにベース上にいないとアウトとなる。アウトにする側は，決められたゾーンまでボールを運んでアウトコールをする。

授業力アップのポイント

●子どもたちの現状に応じて必要な技能の思い切った選択を

37 「本日のMVP」を語り継ごう！

3年目教師: バスケットボールの授業で、すばらしいプレーがあったんですよ。それを授業の最後に紹介したんですけど、うまく伝わらなくて……。

先輩教師: 特にボール運動だと、瞬間で動きが変わったり、あちこちでゲームが行われているから全員が同じ場面を観ていることなんてないからね。

3年目教師: 共有の方法としてどんなことをされているのですか？

先輩教師: ICTを活用して「本日のMVP」っていう取り組みをしているよ。

ベストショットを見逃すな！

「いい動き！」と思っても、次の瞬間には違う場面に。子どもに伝えようにもうまく伝えることができない。そんな経験はありませんか？ そんなときはタブレットやデジタルカメラなどのICT機器を活用されることをおススメします。

例えば、毎時間授業終わりに「本日のMVP」コーナーを設けます。取り上げるのは、その日のめあてに向かって取り組んでいる子どものよき姿。教師はもちろん、個数が揃っているのならば各チームにタブレット端末やデジタルカメラなどを1台渡し、子どもが相互に撮影をします。

各チームのベストショットを写真や動画を「本日のMVP」として教師や子どもが解説。子どもと教師の両方からみることで、ベストショットの見逃しも減り、映像とともによき動きを共有することもできます。

紹介された子どもは自信をもち、取り上げられなかった子どもには次なる意欲がふつふつと湧き上がることでしょう。

「本日のMVP」の展開例

導入	課題共有
	前時までの学習の流れを押さえ，「本日のMVP」（めあて）となる動きや考え方を示しましょう。 例：得点を取るためには，ゴール下ではどのように動くといいかな？

今日は，ゴール下での動き方を考えるといいんだね。

展開	活動①
	チームで「本日のMVP」（めあて）となる動きや考え方を共有し，ゲームに臨みます。 　共有した動きが，ゲームに現れそうになったら，撮影。競技者のみならず，映像を通して，撮影者側の学習課題への意識も把握することができます。

「本日のMVP」っぽい動きをタブレットに撮っておこう！
A君は前の時間と全く違う動きをしているね！

まとめ	活動②
	ゲームが終わった後は，「本日のMVP」を1つ選出。各チームから出された「本日のMVP」をもとに，めあてに立ち返り，学習のまとめ，振り返りを行いましょう。

A君は，スペースに走りこんでいるね。やっぱりいい動きだね。

授業力アップのポイント

- 「本日のMVP」をもとに評価を共有をしましょう
- 同じ子どもばかりにならないように「個の成長」の視点も大切に

38 即時評価で,即時修正!「シンクロハードル」

3年目教師
授業が始まると子どもたちは張り切って運動を始めるんですけど,ただやっているだけのような気がして……。

先輩教師
子どもたちは,体を動かすことに夢中になると周りのことは見えなくなるからね。

3年目教師
自分の動きを振り返り,次の学習へとつないでいけたらと思ってはいるのですが。

先輩教師
そうなるのが理想だよね。ICT などを利用してチャレンジしてみようよ!

 即時評価

「いま」行っていることや目の前で起きている出来事は,時間が経つにつれて,その記憶,感覚は薄れていってしまいます。できる限りはやく振り返り,自分の動きを評価したいものです。ビデオなどで撮影して教室に戻ってその姿を見るといったことも行われてきましたが,それでも随分時間が過ぎてしまっています。最近ではタブレット端末なども普及して,その場ですぐに動きを見ることが可能になりました。

ICT 機器には,次のような「よさ」があります。存分に活かしましょう。

> 同じものを何度も見られる『再現性』
> いつまでも残しておける『保存性』
> すぐに見ることができる『即時性』
> スロー再生,ストップ,加工といった『自在性』

実践例「シンクロハードル」

リズミカルに走ることを目標とした高学年のハードル走。仲間と動きを合わせて走ることにより，リズミカルに走るコツを見つけていきます。タブレット端末を用いて即時評価することで，即時修正することが可能となります。

①自分にあったハードル間を見つける

　3歩のリズムで一番リズムよく跳べる距離を見つける。

　いろいろなハードル間（5m，5.5m，6m，6.5m）のものを試走してみて自分に合うものを選ぶ。

②2人組で「シンクロハードル」にチャレンジする

　スタートからゴールまで動きをぴったり合わせるようにする。グループで相互に録画し合いながら，ずれを修正するためのアドバイスをし合う。

　2人の動きを合わせる。合わせる際のポイント（ふみきり足，抜き足，着地，リズムなど）をすり合わせていく。

③4人で「シンクロハードル」にチャレンジする

　これまで学んできたことを活かして4人で動きを合わせる。

　録画した映像をみて，すぐに動きを確認する。

授業力アップのポイント

● ICTのよさを活かして「わかった」を引き出そう

39 後世に残る解説書をつくろう「デジタル教科書」

3年目教師: これからの授業。ICTの活用がますます進みますか。

先輩教師: そうだね。体育に限らず、他教科でもデジタル教科書など、どんどんICTは取り入れられてるよね。

3年目教師: ICTを活用することで、体育の授業の幅が随分と広がりそうですね。

先輩教師: 教科書のない体育。ICTで、デジタル教科書のようなものをつくることができるかもしれないね。

◆ デジタル教科書づくりは3つのお得が！

　今やタブレットを活用した授業は珍しくなくなってきた時代。授業外の活動として"デジタル教科書"づくりはいかがでしょうか。
　"デジタル教科書"のよさとしては3つ。

①子どもの意欲の向上
　台上前転，正しいボールの投げ方，美しいバトンパス……「うまくいったチームは教科書に載せるよ！」の言葉だけで子どもたちは大盛り上がり！

②指導法の共有
　逆上がり，なわとび……指導法のコツを映像化することで，何よりもわかりやすい指導書として活用することができます。

③自身の実践記録
　場や板書，子どもの姿などを抜粋して撮影しましょう。自身の記録として残るだけでなく，実践事例として他の先生方と共有することもできます。

　子ども，教師。みんなにプラスになる活動となることでしょう。

「デジタル教科書」の中身はこんな感じ！

第1章　技集（ボール投げ編）

 → →

| まずは45度を意識しましょう！ | 右から左への体重移動を意識しましょう！ | 自分も驚くぐらい腕をふりましょう！ |

第2章　指導のポイント集（ハードル走編）

 →  →

こんな子どもいませんか？　　遠くの位置から踏み切ること　　ハードル近くに足を振り下ろすこと

第3章　実践記録集（台上前転第1時編）

 →  →

導入では、前転にチャレンジさせた。全員できて、大喜び！　　跳び箱1段で前転！できない子ども続出！　　腰の高さに注目！次時はどうやって腰の高さを上げるかの授業展開に！

授業力アップのポイント

● デジタル教科書づくりで，子ども・教師，みんなお得に

40 体育の宿題!? タブレットで予習学習

3年目教師

子どもたちは，自分の動きを把握できていないので，次の課題が見つけられずにいます……。

それなら，タブレット端末で撮影した映像を見せるといいよ。

先輩教師

3年目教師

しかし，それを見ている時間がなかなか取れません。

タブレット端末を持ち帰り，家庭で予習，復習ができるといいね。

先輩教師

授業と家庭学習を循環させる

　行う動きについてイメージができていなければ，主体的に学びに向かうことができません。また，よい動きがわかっていなければ，どこがよくて，どこが悪いのか仲間の動きに対してアドバイスすることもできません。

　そこで，学校現場でも普及の進んでいるタブレット端末を活用します。よい動きをしている人の映像をいつでも観られる状態にしておきます。手本となるよい動きを，教師があらかじめ録画しておき，タブレット端末内にいれておくのもいいですね。体育の授業中にそれらを観るのももちろんOKです。しかし，タブレット端末を家庭に持ち帰り，確認させる方法にチャレンジしてみませんか。まさに「体育の宿題」ですね！

　家庭でじっくりとよい動きを観て，細かなところまで確認できます。また，単元が進むにつれ，自分の動きを撮影することによって，よい動きの映像と比較し，何が足りないのかじっくり振り返ることで，次の課題を自分で見つけることができるでしょう。

宿題の中身はこんな感じ！

運動している所を撮影し，振り返りを行ったり，次にする学習を事前に予習したりすることでスムーズに学習に向かうことができます。

反復横跳び
体力測定のときに数え方がわからず子どもが混乱しませんか？ 事前に予習することで，楽に取り組むことができます。（回数が出るようには動画編集しておくと便利）

ボール運動
タブレット端末の映像から作戦が失敗したか，成功したかをゆっくり観ることで，今後の課題が見えてきます。わかったことをワークシートに書くこともセットにします。

授業力アップのポイント
- 復習……お家でゆっくりイメージと自分の動きを比較
- 予習……これから目指す動きをイメージ化

運動会の予習はICTを活用して

3年目教師

運動会練習がはじまりました。でも何かだらだらしていて……。

見ていると教師がずっと指示をし続けていて，子どもたちはその通りに動くだけ。今日やるべきことを共有してみたらどうかな。

先輩教師

3年目教師

共有ですか??

そう。「これが何の練習」かわからないまま動き続けるのはしんどいこと。過去の映像を見せて見通しをもたせてみるといいかもしれないね。

先輩教師

運動会の練習はICT機器で「見通し」をもたせて

　広い運動場でたくさんの人数を指導しなければならない運動会練習。その上，熱さも加わり，子どもたちの学習意欲も低下しがちです。運動会の練習はICTを活用して，見通しをもたせてから，臨ませましょう。

①入・退場の仕方・ルール

　各種目の入退場はあらかじめ過去の動画を見せてイメージをもたせておきましょう。団体競技はルールが難しいものがあるので入退場のみならず，ルールも映像を通して確認しておくとよいでしょう。

②団体演技の完成イメージ

　指導が一番難しいのが"団体演技"。同じ教具を使ったものや同じ学年の過去の作品を見せて，完成のイメージをもたせましょう。

③本日の課題の共有

　昨日の練習の映像から，今日の課題を共有します。課題が明確になることにより，子どもたちは見通しをもって取り組むことができます。

説明のポイントはここ！

①入・退場の仕方・ルール

説明ポイント
- 並び順
- どこでどのような姿勢で待機するのか？（笛の合図など）
- ルールの説明
- 競技後の説明

整列の全体映像と学級の整列画像を交互に示すと効果的！

②団体演技の完成イメージ

　同じ学年・同じ教具を使った映像をもとに……

説明ポイント
- 作品の流れを共有（場面数など）
- 気をつけなければいけないこと
- 成功させるために必要なこと

動きは大きく！
表情もとても大切なんだね！

③本日の課題の共有

説明ポイント

入場行進
- 足の上げ方，手の振り方　など

団体演技
- 揃えるために必要なこと　など

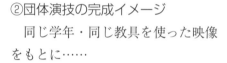

昨日の〜な姿はとてもよかったよ！今日は○○な所をみんなで頑張ろうね！

授業力アップのポイント
- ICT機器を通して子どもたちに見通しを
- ルールの解説やめあての提示にも有効

42 ウェアラブルカメラで思考力・判断力アップ

3年目教師

動きを振り返るときの道具として有効なものは，ありますか。

それなら，タブレット端末のカメラ機能を使うと，動きが録画できて振り返り活動をするときに有効だよ。

先輩教師

3年目教師

でも，俯瞰的な動きだけでは，わかりづらいところがあるのですが。

それなら，ウェアラブルカメラを使うと主観的な動きを録画できるよ！

先輩教師

 主観的な動き？　客観的な動き？

　ボール運動では，タブレット端末のカメラ機能を使って，客観的な動きを録画し，チームで共有することでゴールにつながる動きの理解し，「わかる」から「できる」へ変換していくことができます。タブレット端末による撮影は，俯瞰的な映像を録画しているので，TVゲームのような感覚で誰がどこに動けばよいかわかります。しかし，実際にプレーをしている人は，俯瞰的な映像とは違って，目の前に相手がいたり，遠くに仲間がいたりするような状況を見ています。そこで，プレーをしている子どもにウェアラブルカメラを装着させ，プレーヤーが実際に見た映像を録画していきます。実際に自分たちが見た映像なので，パスやシュートを選択した理由を映像から振り返ることができます。主観的な動きを録画し子どもたちに提示することで，プレー中のパスやシュートの判断について映像を基に振り返ることができます。

※ウェアラブルカメラ……カメラを頭などに着用することができ，ハンズフリーが実現し撮影の負担にならず，撮影者の目線の映像を録画することができるカメラ。

ウェアラブルカメラの活用例!

　ゲーム中にウェアラブルカメラで映像を録画し，パスやシュートが決まった映像を授業の始めに全員に見せます。パスやシュートを出したときに周りの状況は，どのような状況だったか視覚的にわかるようにするとよいでしょう。また，動画を編集し，スロー再生して見せたり，映像を画像としてトリミングしたものを見せたりすることで，プレーヤー自身の視点から，パスやシュートをするときに判断をする材料を確認するとよいでしょう。

　また，守備側から相手の動きがどのように見えているかを守備者の視点から映像を撮ってみると，攻撃の改善点も見つかり，思考力，判断力の向上にもつながってきます。

●守備側からみた視点！（フラッグフットボールのハンドオフ）

　右側の人が走って，手渡しパスをしようとしています。守備にわからないようにボールを渡さなければなりません。

　ボールを体で隠して，相手にボールが見えないように手渡しパスができているか確認します。また，どのようにすれば，相手にわからずボールの受け渡しができるかをチームで考えることができます。

授業力アップのポイント
●客観的な視点と主観的な視点の併用で，思考力・判断力をアップ

3章 体育指導
知ってお得のマル秘グッズ10

　本章では，体育の授業などで大活躍する10の"体育グッズ"を紹介しています。

　教室から出て行われる授業。体育ならではのグッズがあります。
　ここで紹介する10の"体育グッズ"をうまく活用することで

> ★子どもの笑顔がもっと増えます！
> ★運動の時間がもっと増えます！
> ★子どもたちの学習成果がもっと増えます！
> ★効率的に授業を進めることができます！

　ちょっとしたグッズで，体育の授業の成果がもっとあがります。目の前の子どもたちに応じて，ご活用ください！

3章 体育指導 知ってお得のマル秘グッズ10

❶ 笛，たいこ

◆あなたは笛派？　それとも太鼓派？

　広い運動場や体育館で行われる体育授業。マネジメントに笛や太鼓は欠かせません。あなたは笛派ですか？　それとも太鼓派ですか？　ここではそれぞれのよさを中心に特徴をまとめていきます。

◆笛と太鼓の特徴

・笛の特徴は何といってもはっきりとした音。音も高いので，広い範囲にその音が響き渡る。判断をはっきりと示したい場合や広い範囲に知らせたいときなどに向いている教具だと言えるでしょう。

> 主な活躍場面
> ・リレーや短距離走などのスタート合図
> ・水泳の授業（水中では太鼓の低い音は聞こえづらい）
> ・ボール運動などの審判
> ・子どもたちの動きを止めて，急な指示を送りたいとき　　など

・太鼓の特徴は音と同時に子どもたちに声をかけることができることです。また音に強弱をつけることができるので，児童の動きに変化をもたらすことができます。

> 主な活躍場面
> ・表現運動（拍を取りながら，子どもの動きに対して言葉で評価できる）
> ・体つくり運動（拍を簡単に変えることを利用して，動きに変化をもたらうことができる）

　それぞれの特徴をうまく利用し，適材適所に活用するといいですね！

活用のポイント
●どちら派？ではなく，適材適所に活用するのがおススメ

❷ 教師用かご

◆ 教師が体育で持っていくかごの中

　体育の授業では，かごを運動場や体育館に持っていきますか？　体育用のかごを1つ用意するだけで，授業をするときに便利になります。体育は，教室で授業をしませんので，急に物が必要になっても机の引き出しから物が出てくるわけではありません。毎回の授業で，1つのかごを用意するだけで準備も楽になります。

◆ かごの中

種類ごとに袋をに入れておくと便利です。特に外で，体育をする場合，かごの中は砂だらけになります。砂の侵入を防ぐためにも袋に分けて入れることは有効です。

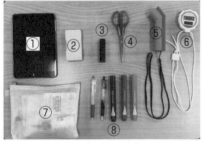

①タブレット端末　②ホワイトボードクリーナー　③磁石　④はさみ
⑤ホイッスル　⑥ストップウォッチ　⑦救急セット
⑧ボールペン・ホワイトボードマーカー　⑨バインダー　⑩太鼓

活用のポイント
● 常時使うものは，かごに入れて用意しておこう

❸ タブレット，アプリ

◆ 体育の授業で使えるアプリ

　マット運動や跳び箱運動，鉄棒運動などができない子どもに，動画や写真を見せることで効果的な指導が行えます。子どもたちは，○○しているつもりでも，実際の動きではできていないことが多いです。そこでタブレット端末のカメラアプリを使って動画を撮影し，俯瞰的な立場で自分の動きを認識することによって，動きがイメージでき，実際の動きと頭でイメージした動きが合致していきます。

◆ アプリ

・Clipbox
　写真・動画・PDF などを，検索や URL 指定で探して保存・整理し提示できるアプリです。

・Video 2 Photo
　動画だけを撮影して，後で，いいシーンだけを動画から写真に取り出すことができるアプリです。

・SloPro
　撮影した動画を見るときにスローに変換してくれるアプリです。

・Keynote
　PowerPoint をシンプルにしたようなプレゼン作成アプリです。端末に入っている動画や写真でプレゼンがつくれます。

活用のポイント
●使う目的を明確にして，使いやすいアプリを選ぼう

❹ 黒板，ホワイトボード

◆ 体育に黒板!?

　普段の授業では，黒板やホワイトボードを使います。しかし，体育の授業となると使われていないのではないでしょうか。体育用の黒板が学校にないところもありますね。黒板があることで，考えが構築しやすくなったり，考えを共有しやすくなったり，学びの道筋がわかりやすくなったりします。でも予算が……。そこで黒板に取って変われるものを紹介します。

◆ 代用例

◇模造紙

　ホワイトボードと同じように使えます。毎時間，書いたものをつなげると，巻物のようになり，これまでの取組や思考の流れがよくわかります。

◇スケッチブック

　少し紙面は小さいですが，コート図や発問などを示す分には十分です。
また，めくることを想定して，授業の流れを考えなければならないので，授業構成力も高まります。

◇タブレット・電子黒板

　文字を書くには不便ですが，動画や写真を示しながら学びを共有することができます。

活用のポイント

●学びの道筋を示す黒板。なければ代用できるもので対応を

❺ 得点板

◆ 誰でも簡単！　得点板

　学校に得点板がないので得点をつけられないことはないですか？　また，得点板があったとして，ゲームの内容に合わず，使いにくいことはないですか？　そこで，100円均一ショップで購入できる用具を使って，誰でも簡単につくれる得点板を紹介します。

◆ 作成例

ファイル式得点板
　これは，ファイルの中に数字の書いた紙を挟むだけで使えます。最高得点に応じて，ファイルに入れる得点を変えるとよいでしょう。また，余ったページには，ゲームのルールなどを挟むこともできます。

ワイヤーネット式得点板
　これは，100円均一ショップに売っているワイヤーネットを使って簡単につくれます。

ジョイントで止めます。

チェーンを巻き，おもしにします。

2L版の写真を使うと印刷が簡単です。また，閉じ穴補修シールを使うと破れにくいです。

活用のポイント
● 自家製の得点板なら授業内容に応じてアレンジができる

❻ ボール

◆ ゲームを盛り上げるボール

　授業でどんなボールを使っていますか？　ボールには，いろんな種類があります。大きいもの，小さいもの，よく弾むもの，弾まないものなど，ボールによって特徴がバラバラです。授業者は，ボールの特徴と授業内容が合致したものを選択できるといいでしょう。

◆ ボール例

楕円形ボール

　楕円形になっているボールは，懐に入れて持ち運びやすく，ボールを体で隠すことができます。しかし，丸いボールと違って投げにくいので，パスには不向きです。

円形ボール

　円形のため，ボールが投げやすく，パスが出しやすい特徴があります。しかし，ボールを懐に入れて走りにくく，体でボールを隠すことが難しいです。

円盤型ボール

　スーパーボールを芯にして，新聞紙10枚ほどで包みます。それをドッヂビーで挟みテープで止めるとできます。

小型ボール

　ベースボールのバッティングの授業で使います。たくさんの数がある方がいいので，新聞紙の中にスーパーボールを詰めてつくります。

活用のポイント
- 学習内容，目的に応じてボールを選択，作成しよう

❼ 目印

◆ 体育授業の必須アイテム

「範囲はこのラインにするよ！」体育館には様々な色の線が描かれており，それを目印とすることができるので，授業のマネジメントが非常にしやすくなります。それに対して，目印のない運動場。ないならばつくってみましょう！　目印にできるものって意外とたくさんあるんですよ。

◆ 様々な目印

コーン		・大きいものはリレーの折り返しの目印や，障害物，危険箇所を示すものとしての利用。 ・小さなものは周回走のカーブの目印，団体演技の際の立ち位置の目印としての利用。
白線		・スタート位置の目印に。 ・ボール運動や陸上運動のコートの目印として。 ※白線の上から水をかけると，消えにくくなり，長時間同じ線を使い続けることもできる。
タイル		・ラインを引く際の目印に。（運動会など，たくさんのラインを引く場合や継続的に引く場合には埋めっぱなしにしておくのもよい） ・全校朝会などの児童の列の先頭の目印に。
釘＋リボン		・ハードル走など学年ごとの短期間の取組の目印に。（一時的や短期間の取組に適している。取り組み後は，抜くことを忘れずに！）

活用のポイント

●目印は体育授業に欠かせないもの！　ひと工夫でつくってみよう

⑧ 学習カード

◆ 学習カードの効果

・意欲の喚起

　学習カードに技ができるためのコツや練習方法を載せておくと子どもたちは，それを見て練習を始めます。そのため，主体的な学びを促進することができます。

・個人やチームの目標を明確化

　学習カードに個人やチームの目標を記すことで，１時間の授業のゴールを明確にできます。また，今の自分やチームには何が課題なのかをはっきりすることで，見通しをもって学習に望めます。低学年は，目標を立てることが難しいので，教師から提示したり，選択したりするとよいでしょう。

・個人やチームのパフォーマンスの振り返り

　１時間の授業の中で，何を学んだのかをはっきりできるといいですね。また，課題をはっきりさせることで，次の授業の目標も定まってきます。

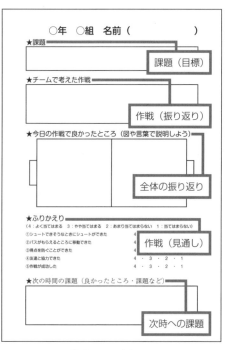

学習カード例

活用のポイント

●学習カードで，意欲喚起，目標の明確化，振り返り

❾ 評価シート

◆ 動きながらの評価は難しい……

　子どもの学習の進捗状況を把握するために，私たちは子どもの書いたものや発言などから評価をします。また，学期末には評定もしなくてはなりません。体育の場合は，学びが動きとなって現れますから，評価も瞬時行わなければなりません。そんなとき便利なのが評価シートです。

◆ 評価シート（例）

チーム	番号	名　前	②技能（ボールを捕ったり投げたりすることができる）	
青	①	○○○○	◎	捕る○　投げる○
	②	○○○○	○	捕る○　投げる△
	③	○○○○	△	捕る△　投げる△
	④	○○○○	○	捕る△　投げる○
	⑤	○○○○	△	捕る△　投げる△
黄	①	○○○○	◎	捕る○　投げる○
	．	．	．	．
	．	．	．	．

　大事なポイントは３つ。
①番号は毎回固定する（同じビブスを着用）
②名前や評価項目などは最初からフォーマットに入れておく
③評価項目を１つに絞り，極力文で表さないこと（書いている時間がない）
　書くことに夢中になり過ぎて，言葉がけができないという事にはならないようにしましょう。

> **活用のポイント**
> ●体育の評価は評価シートを用いて，瞬時に的確に

❿ 提案シート

◆ 提案シート（例）

20××年 ○月○日
健康教育部

見出し
とみなみギネスに挑戦！（案）

□目的
1、『自主的な体力づくり（瞬発力・持久力）の向上 』
2、『運動の日常化』
3、クラスづくり・人間関係づくり

□実施内容
全学年の児童に以下の種目のルールを伝える。記録会の場を設け、児童朝会等で、表彰を行う。種目は、以下の①〜②
　①とみなみ8　　　・・・全学年対象
　②みんなでジャンプ　・・・全学年対象

[とみなみ8（全学年）]
2人が縄を回している間を1回跳んで抜けるということを繰り返す（8の字）。
[人数]
制限なし
[点数]
跳んだ回数＝点数（途中でひっかかったとしても続けて数える）
[時間]
2分間

[みんなでジャンプ（全学年）]
回っている縄の中に、より多くの児童が一斉に飛び、点数を加算していく。
[人数]
回す人→2人、中に入る人1人以上
[点数]
跳んだ回数×跳んだ人数＝点数
[時間]
2分間

□期間　　5月下旬〜6月上旬
□記録会日程　6月5日（月）…1・2年、8日（木）…3・4年、9日（金）…5・6年
□測定場所　体育館
□測定者　健康教育部と体育委員会

留意事項
● チームはクラス限定にする。
● 練習は運動場で行う。縄はクラス縄を使い、足りない場合は職員室前の縄を使う。

内容項目として
・日時，期間
・場所
・目的（ねらい）
・実施内容（種目）
・留意事項
を記載。決められた順番は特にはない。体育関係とわかるイラストがあるとよい。

活用のポイント

● 書く項目を精査し，すっきりと見やすい提案シートに

【編著者紹介】

垣内　幸太（かきうち　こうた）
大阪府箕面市立萱野小学校。
大阪教育大学附属池田小学校を経て現職。
2009年　関西体育授業研究会設立。（以下詳細）
2015年　授業力＆学級づくり研究会設立。（以下詳細）
○関西体育授業研究会（http://kantaiken.jp/）
「体育科の地位向上」を合言葉に設立。主義主張を超えて，授業力向上をめざし，月１回程度の定例会を開催。また，毎年７月に実技講習会，11月に研究大会を開催。
○授業力＆学級づくり研究会（https://jugakuken.jimdo.com/）
「子ども，保護者，教師。みんな幸せ！」を合言葉に設立。授業力向上とみんなが幸せになれる学級づくりについての研究を進める。月１回程度の定例会，年４回程度の公開学習会を開催。

【著者紹介】

授業力＆学級づくり研究会

【執筆者一覧】

日野　英之（箕面市教育委員会指導主事）

西岡　毅（大阪市立西天満小学校）

〔本文イラスト〕モリジ

教師力ステップアップ
３年目教師　勝負の体育授業づくり
一人ひとりの「できた」を生み出す！スキル＆テクニック

2019年２月初版第１刷刊	Ⓒ編著者　垣　内　幸　太
	著　者　授業力＆学級づくり研究会
	発行者　藤　原　光　政
	発行所　明治図書出版株式会社
	http://www.meijitosho.co.jp
	（企画）木村　悠　（校正）中野真実
	〒114-0023　東京都北区滝野川7-46-1
	振替00160-5-151318　電話03(5907)6702
	ご注文窓口　電話03(5907)6668

＊検印省略　　　　　　組版所　長　野　印　刷　商　工　株　式　会　社
本書の無断コピーは，著作権・出版権にふれます。ご注意ください。

Printed in Japan　　　　ISBN978-4-18-193013-4
もれなくクーポンがもらえる！読者アンケートはこちらから　→